爱·希望·成长

幼教专家解密儿童敏感期

# 懂孩子
## 才能教孩子

*Donghaizi Caineng Jiaohaizi*

徐茁佼◎著

重庆出版集团 重庆出版社

**图书在版编目（CIP）数据**

懂孩子才能教孩子／徐茹佼著．—重庆：重庆出版社，
2011.4

ISBN 978-7-229-03731-4

Ⅰ．①懂… Ⅱ．①徐… Ⅲ．①学前儿童－家庭教育
Ⅳ．①G78

中国版本图书馆CIP数据核字（2011）第021692号

# 懂孩子才能教孩子
### 幼教专家解密儿童敏感期

| | |
|---|---|
| 出 版 人：罗小卫 | 特约编辑：肖贵平　王宏亮 |
| 策　　划：华章同人 | 封面设计：张雪娇 |
| 作　　者：徐茹佼 | 版式设计：李自茹 |
| 插图绘制：禹禾工作室 | 美术编辑：张鹤飞 |
| 责任编辑：刘学琴 | 制　　作：（www.rzbook.com) |

重庆出版集团
重庆出版社　出版

（重庆长江二路205号）
北京瑞禾彩色印刷有限公司 印刷
重庆出版集团图书发行公司 发行
邮购电话：010-85869375/76/77转810
E-MAIL：tougao@alpha-books.com
全国新华书店经销

开本：787mm×1092mm　1/16　印张：16　字数：200千
版印次：2011年5月第1版　2011年5月第1次印刷
定价：32.00元

如有印装质量问题，请致电023-68706683

孩子在成长的过程中，总会不断地有新鲜事发生，这些事在我们成年人看来，常常显得非常怪异，有时很无聊，有时也让我们很烦躁，甚至很气愤。但如果你细心一点就会发现，大多数新鲜事的发生大概都有其结束的时候。而在此之后，孩子的身上总会留下有关这件事的深刻烙印。

这些看似怪异的行为，是敏感期到来时所出现的正常举动。敏感期，被喻为孩子一生中的"黄金般贵重的时期"。它是指在0~6岁孩子的成长过程中，受到内在生命力的驱使，在某个时间段内，专心吸收环境中某一事物的特质，并不断重复实践的过程。

孩子从出生起，便开始不断进入各种敏感期，从对光与声音的感觉，到用眼睛与口唇、手脚甚至心灵去感知世界，随着他一天天长大，又有各种不同的敏感期接踵而至。每一个敏感期后，孩子都会形成一种新的习惯或认识，这其中也许有正确的，也许有不正确的，这取决于我们成年人是否让他们顺利地经历了敏感期。

如果孩子在这个时间段内，能够对所感兴趣的特定事物保持学习的狂热，直到满足内在需求或敏感力减弱，顺利地通过这个敏感期，他的心智水平便会上升到另一个层面。而在敏感期内得到了足够宽容与爱护的孩子，往往较敏感期受到干涉的孩子头脑更清晰、思维更开阔、安全感更强，对事物的理解也更深刻。

可惜，我们成年人经常对孩子的敏感期感觉到束手无策。有时我们不能够准确地发现敏感期，即使发现了，也不知道如何引导才是正确的。所以，家长们都希望能有人给出一个关于孩子敏感期出现的时间表，也好用来"遵照执行"。

但遗憾的是，即使是玛丽亚·蒙台梭利（意大利著名的教育家、蒙台梭利教

育法的创始人、敏感期教育的最早提出者）本人，以及其他相关的资深教育家，也无法准确地界定敏感期出现的准确时间，只能够提示相关的教育人员，孩子具备敏感期的表现模式，以及如何正确地应对敏感期的出现。

个体的不同以及成长环境的差异等结合在一起，使孩子的敏感期出现的时间不可能相同，因此家长们希望遵照"时间表"来对孩子进行敏感期教育的想法只能被放在一边。用一双善于发现的眼睛去观察孩子的行为举动，并以正确的心态面对敏感期的到来，成为我们成年人应对孩子敏感期的主要方法。

有这样的一个孩子，早餐时，妈妈将一只剥好的熟鸡蛋随手放在一只小碟子中摆到他的面前，他便急得像热锅上的蚂蚁一样大哭大闹起来。只见他一会儿手指着小碟子，跺着脚哭，一会儿又跑过去把鸡蛋抓在手里，然后再跑进厨房，手指着碗橱大哭，当妈妈莫名其妙时，他又试图爬上灶台。开始的时候，妈妈耐心地想要弄明白孩子哭闹的原因，可孩子哭着说出的话怎么也听不明白，妈妈越不明白，孩子越着急，因而也就哭得越厉害。终于，妈妈忍无可忍了，向他伸出了巴掌。

其实，孩子之所以哭闹，原因非常简单。这个孩子正处于细节敏感期与秩序敏感期，开始重视对固有秩序的维护。由于妈妈每天都把剥好的蛋放在一只小碗里，而不是碟子里，所以被放在碟子里的鸡蛋让他感觉到非常恐慌，他努力地想让妈妈把碟子重新换成碗，可是妈妈不懂。于是他又想自己去拿一只碗出来，但又拿不到。孩子用尽各种方法向妈妈表达自己的意思，最后却遭遇了妈妈的巴掌。

在敏感期遭受到大人的横加干涉，会使孩子的观察力与遵守秩序、规范的自律能力的形成受到很大的影响。果然，过了没多久，这个孩子便没有这种情绪了，他不再强求循规蹈矩，鞋子脱下来随便甩，自己的玩具扔得乱七八糟。这是由于孩子在想要坚持维持原有秩序的时候，向妈妈的巴掌学会了一个道理：你是错的。所以他放弃了这种坚持，以做一个不讲秩序的孩子为正确。

类似的例子还有很多，由于不"认识"孩子的敏感期而误解孩子的家长不在少数，使用各种手段对孩子的敏感期行为进行镇压的父母更不在少数，但在这种误解和镇压之下，很多孩子的生活被强行转了个弯。

因此，作为影响孩子一生的成年人，无论是家长还是幼教工作者，都有必要了解孩子成长规律中的这些至关重要的敏感期，揭开孩子心灵深处的秘密，让孩子在爱和自由的空间中健康成长。

孩子的敏感期常常悄然而至，他不可能告诉你："妈妈，我的细节敏感期来了。"或者对你说："妈妈，现在是我的绘画敏感期。"是的，这有待你用眼睛去发现，当孩子出现一些在你看来不常出现的"怪异"行为时，你有必要进行细心的观察与分析，因为敏感期常常隐藏在这些行为的背后，你捉住了它，也就把握住了孩子的一次成长瞬间。

徐茁佼

# Contents
## 目录

**Part 03**

## 语言敏感期：引导孩子的语言发展

当宝宝发出牙牙学语声时，父母在高兴的同时也要明白宝宝进入语言敏感期啦！婴幼儿具有自然赋予的语言敏感力，对成人而言非常难的语言学习，对婴幼儿来讲却易如反掌。语言能力会影响婴幼儿的智力开发水平，因此，家长应在语言敏感期引导、鼓励宝宝说话、讲故事或多采用其他方法来加强宝宝的语言表达能力。

**Part 04**

## 秩序敏感期：培养孩子良好的习惯

处于秩序敏感期的孩子需要一个有序的环境帮助他认识、熟悉周围的一切；一旦他所熟悉的环境消失后，他会无所适从、哭闹，甚至大发脾气。孩子一旦进入秩序敏感期就说明他有建立内在秩序、构建智力的心理需求。因此，当孩子对事物发生的顺序、物品摆放的相对位置、生活习惯等发生变化而出现过激行为后，父母要细心纠正，以满足孩子的心理需求。

**Part 05**

## 空间与细小事物敏感期：让孩子体验探索与观察的乐趣

两三岁的孩子喜欢探索不同大小的空间，能够在看似一成不变的环境中发现细小的变化。在这个过程中，孩子的眼界得到了开阔，肢体动作得到了锻炼，左右脑得到均衡的开发，观察与辨别能力得到了不断的加强。

## Part 06　文化艺术敏感期：挖掘孩子的潜在能力

文化艺术敏感期是孩子对文化艺术学习产生浓厚兴趣的时期，一般萌芽于3岁，至6～9岁出现探究事物的强烈需求，父母为他们提供再大量的资源，孩子也会消化吸收的。因此，父母应该为处于文化敏感期的孩子提供丰富的文化资讯，为孩子了解文化、提高素质、关怀世界打下良好的基础。

## Part 07　情感敏感期：给孩子不一样的人生态度

一个人是否具有丰富的情感世界，能否清晰表达对他人的爱，能否和他人建立起非常好的关系，取决于孩子情感发展的敏感期。孩子从刚一出生时，就有情感需求，如果能够满足这种情感索取，孩子长大后就能自如地处理自己的情感。

# Part 01

# 解读孩子的敏感期
## 与智力开发

在 0 ～ 6 岁孩子的成长过程中，孩子会受内在生命力的驱使在某个阶段专心吸收环境中某一事物的特质，并不断重复实践，早教专家称这个阶段为敏感期。出生后，敏感期会一个接一个地到来，而父母要做的，就是尊重孩子的敏感期，并充分利用这个阶段，将孩子的心智水平从一个层面上升到另一个层面，使孩子全面发展。

# 宝宝的
# 敏感期来了

*message 01*

人类各种能力都有其产生与发展的敏感期，在这一时期，大脑对某种学习具有特别适应的生理状态，人就会很容易学会某种能力，而且刻印在大脑中。如果错过了此时机，再进行这类学习，就相当困难了，甚至不可能获得该种能力。

有人说，公民的智力水平就是国力的标志，无论是经济力量的竞争还是技术力量竞争，归根结底都是智力水平的竞争，而人类教育的最根本目的就是最大限度地开发人类的潜能。敏感期是智力发育及潜能开发的关键时期，0～6岁集中了人生中最为重要的敏感期，这使婴幼儿时期成为智力发育及潜能开发的关键时期。

## 敏感期趣事 Example

### 扰民的当当

当当最近总是拿着一根小棍子和一个小盆子在地上敲，妈妈制止了很多次，他仍然乐此不疲。有一次，妈妈从幼儿园接当当回家，在路上遇到了楼下的邻居，邻居过来和当当母子打招呼，并特意弯下腰对当当说："当当啊，听奶奶话，以后不要敲小盆子好不好啊？奶奶家里有一个刚出生的小宝宝，听到大的声音就不停地哭，吵得奶奶都不能睡觉了，咱们以后不招惹他好不好呀？"妈妈听了，觉得很羞愧，赶忙向邻居道歉，可是当当根本不当回事，刚刚回到家，就又拿起小盆子和小棍子敲了起来。

## ● 破坏狂小宁宁

宁宁是个"小破坏狂",她总是趁妈妈不备,破坏妈妈养的花,把这个花的尖尖掐掉,或者把那个花的叶子撕掉,这是她最喜欢做的事。没用多久,妈妈那些漂亮的花就"惨不忍睹"了,一个个伤痕累累。妈妈很生气,屡次警告她不许再"搞破坏",可小宁宁还是控制不住,昨天,她又把妈妈那盆最喜欢的小鹿茸的叶片扎了好几个洞。

## ● 马路歌唱家

小楚南被爸爸称为"马路歌唱家",每次从幼儿园回家,他都坐

别敲了!

● 当当正处于听觉敏感期,喜欢倾听敲击发出的声音。

● 宁宁正处于关注动植物敏感期,不要将其简单定性为"破坏狂",而应该引起家长更深层次的反思。

别唱了!

● 小楚南正处于音乐敏感期,特别热衷于歌唱。

3

在爸爸的自行车后座上大声唱歌，惹得好多人都屡屡回头看他，别人看见他执著的样子就笑，可他根本不当回事儿。爸爸别扭极了，在马路上骑车，一直被很多人注意的滋味真的不太好受，可是爸爸难受归难受，不能制止儿子，又有什么办法呢？

上述的几个孩子都处于成长过程中不同的敏感期，因此才会在某个时段出现不同于以往的表现。敏感期这个词在最近几年才受到人们的重视，大多数父母在孩子成长的过程中都没有刻意关注过敏感期，这也是很多父母不知道敏感期重要性的原因之一。下面我们具体来讨论一下敏感期教育对智力发育及潜力开发的作用。

## ▶敏感期与智力发育

大脑的发育关系到智力的发育，大脑发育最快的时期也就是智力发展最快的时期。在人的一生中，大脑发育最迅速的时期是 7 岁之前，即 0 ~ 6 岁。

新生儿的脑重量是成年人的 1/3。

9 个月婴儿的脑重达到成年人的 1/2。

幼儿 3 岁左右，脑重达到成年人的 2/3。

4 岁幼儿的大脑额叶已经基本发育完成。

7 岁孩子的大脑发育达到了成年人的 9/10，已经接近成年人的水平了。

7 岁后的发育过程中，脑部发育仅为剩下的 1/10。

可见，人脑发育的速度即智力发展的速度是随年龄的增长递减的，年龄越小，环境对他的脑发育所产生的影响就越大，智力水平可改变的余地就越大。因此早期的激励能够提高孩子的智力水平发育。

## 敏感期与潜在能力挖掘

人从出生时起便具有良好的外部感官和机能感觉，出生后不久就能出现条件反射，甚至出现心理活动。此后，由于感官功能的发育和动作的发育，孩子在半岁以后便能将视觉、触觉、运动感觉联系到一起，并感知事物的多方面属性及完整性。3岁之内，孩子的感觉、知觉、语言能力、注意力、记忆力、思维、想象、情感、意志力等多方面品质都会有不同程度的快速发育。6岁之内，孩子的观察力、思维能力、意志力、想象力会进一步加强，还会出现某方面有待开发的特殊才能，比如绘画、音乐等。可以看出，孩子身上蕴藏着巨大的潜力。

### 敏感期是开发潜能的关键时期

从大脑发育的规律我们可以看出，人类潜能开发最重要的阶段便是0～6岁的婴幼儿时期，而0～6岁恰是大多数敏感期集中出现的时期。敏感期是开发潜能的关键时期，在敏感期内，孩子会突发快速与外界建立联系的欲望。在不同的敏感期内，孩子对于某种能力的悟性与掌握能力令人惊讶，他就像"着魔"一样执著而有耐性，掌握能力的速度也十分惊人。而每一种能力的获得，都会大大提高他的自身能力，尤其是潜在的能力。

莫扎特是伟大的作曲家，也是出色的钢琴演奏家。他4岁开始学钢琴；6岁开始作曲；8岁时写下了第一首交响乐；11岁写下第一部清唱剧；12岁写下了第一部歌剧；13岁访问意大利时，在罗马他能在只听过一遍的情况下凭记忆写下一首九声部宗教作品的全部总谱；14岁他指挥了12岁时所创歌剧的12场演出；17岁时，他在听了海顿的弦乐四重奏后，写出了6部弦乐四重奏献给海顿，被海顿誉为"最伟大的作曲家"。

莫扎特被誉为音乐神童，是人类历史上罕见的音乐天才，但纵观他的成才之路，不难看出早期的敏感期教育为他的成才奠定的基础。莫扎特的父亲是一位颇受人们尊敬的小提琴家和作曲家，家庭的熏陶使小莫扎特在仅 4 岁的时候便主动尝试创作，这一举动引起了父亲的关注，从那时起，他开始刻意对小莫扎特进行教育，使得小莫扎特的音乐天赋被迅速开发，将近 6 岁时便掌握了古钢琴的弹奏技术，7 岁便能凭听力与记忆力在只用过一次的情况下精确判断一把提琴与其他提琴的差别。

莫扎特固然是天才，但他的天赋在婴幼儿时期便得到了启发，尽管他的成就中饱含着艰辛的努力与刻苦，但在敏感期被充分利用的情况下，他的刻苦便取得了事半功倍的效果。当然，并非每个人都能成为莫扎特，但莫扎特早期教育的成功却值得我们思索。我们不必对孩子的未来有太大的奢望，但却要为他奠定拥有未来的基础。

与莫扎特不同的例子比比皆是，最著名的就是我国古代的一个小故事——《伤仲永》。方仲永小时候同样是个神童，五岁便可指物作诗，天生才华出众，但他的父亲在发现孩子的这个特点后却用大把的时间四处炫耀赚钱，错过了对孩子进行教育的最有利的时机，几年后，当孩子的敏感期错过之后，便已"泯然众人矣"。

## 敏感期后潜能开发阻力重重

有的孩子动作笨拙，有的孩子唱歌跑调，有的孩子计算能力差，有的孩子独立性差，我们经常只注意表面，却不对其根源加以剖析。按照人的天性来讲，只要是发育正常的孩子，都有可能成为一个工作认真、行动敏捷、独立性强、头脑灵活的人，可以拥有美妙的歌喉，画出美丽的图画，能够轻松地处理人与人之间的关系，还可以写一手好字……但事实上，成功者有多少呢？这些被荒废的能力与品质，在孩子本不知情的情况下，便被无情地剥夺了，而剥夺的手段，便是忽视敏感期。

孩子潜在的能力如果不能在获取能力最强时得到开发，一旦错过敏感期，就会出现或大或小的遗憾。即使是在以后的成长过程中尽力弥补，耗费大量的精力与时间，也不一定能取得最好的效果。

1920年，在印度加尔各答以西的一片丛林中，发现了两个由狼哺育长大的女孩，一个8岁左右，一个1岁半左右。据专家推测，她们被狼抚养的时间开始于半岁左右。被发现时，两个孩子不会人类的语言，连吃饭、走路、睡觉等姿势都与狼一样。她们白天睡觉、夜里活动、怕人、不怕猫狗，生活习惯也与狼相同。被救回人类社会后，1岁半的女孩没多久便死了，而8岁的女孩活了下来，并在孤儿院里接受了长达9年的专业训练和教育。但遗憾的是，尽管人们对她付出了很多的心血，历经9年之后，她仍不能平稳地走路，不能学习知识，智力水平仅恢复至4岁幼儿的水平。最为可悲的是，在17岁的时候，她也死去了。

这是个最为典型的错过敏感期的例子。当她们在狼群中度过生命中最重要的敏感期之后，回到人类社会的孩子产生了巨大的恐慌：一个因为失去了熟悉的环境而死去；另一个虽然幸存了下来，但在专业的训练之下，历时9年仍不能适应人类社会的生活，也不能养成基本的生存能力，最终无奈地死去。

与之相反的是，在日本侵华时期，我国山东的农民刘连仁被抓到日本当奴隶，由于不堪忍受日本法西斯的奴役，逃进深山老林做了"野人"，当时他已经30多岁。在10多年的非人类生活之后，当他结束"野人"生活回到祖国时，仍能过正常人的生活，并且具有正常人的智力，甚至还担任过村党支部书记，可见成年人的心智水平发育成熟之后，不会因环境的改变而退化。

**早教 Early Learning**

敏感期是幼儿的学习关键期，是自然赋予人的一生仅有一次的特别生命力。敏感期是自然赋予幼儿的生命助力，如何运用这股有效动力，帮助孩子完美成长，正是成年人的职责。

# 读懂0~6岁
# 宝宝的敏感期

02 message

0～6岁是孩子成长的关键时期，在这最初的六年中，从最基本的动作到心智水平的发育，孩子要经历对他（她）的一生至关重要的基础时期，因此把握住孩子的敏感期教育对于父母来说至关重要，而把握孩子的敏感期应该从认识孩子的敏感期开始。

敏感期是孩子各项水平发育的关键时期，每一个敏感期的到来都是孩子成长的需求。在抚育孩子的过程中，父母会遇到很多的惊喜与困惑，但你是否知道，孩子所给予我们的每一次惊喜与困惑，都是敏感期到来的提示呢？如果你不了解，就不会了解孩子的敏感期需求。

## 敏感期趣事 Example

### ● 我是从哪儿来的？

4岁的鑫儿忽然向妈妈提了一个问题："我是从哪儿来的？"妈妈想了想，说："我们家鑫儿是从小金橘树上长出来的。"咦？这让鑫儿觉得很惊讶："真的吗？那我是怎么到咱们家来的？"妈妈说："当时呀，咱们家附近有一条很宽的河，河边长着一棵很大的金橘树。有一天，妈妈从树下经过，发现树上长着一个很大很大的大金橘，妈妈太喜欢那个大金橘了，就把它摘回了家。回到家以后，那个大金橘忽然就裂开了，从里面出来一个非常可爱的小娃娃，还会叫妈妈呢。"鑫儿兴高采烈地爬到妈妈腿上问："那个小娃娃是谁呀？"妈妈亲了一下鑫儿的小脸说："就是我的小鑫儿呀！"鑫儿高兴地从妈妈腿上跳了起来："妈妈，那我小时候是不是可甜可甜啦？"妈妈说："当然啦，我们鑫儿小时候撒的尿都是香甜的金橘汁呢！"

## ● 爸爸不准吃

小姨来看宝儿，买了一包冰激凌，天很热，冰激凌都快化了，妈妈说："快来呀，每人一盒！宝儿先选。"宝儿高兴地跳起来，冲到桌前，看看这个，看看那个，都很喜欢。他迫不及待地打开了其中的一盒，妈妈便拿起其他的递给爸爸和小姨，可是宝儿发现小姨的那盒似乎更漂亮，便扔下了自己的去抢小姨的。接下来，他又发现妈妈的比较好，于是又去拿妈妈的。这时，爸爸打开了一盒，开始吃了。小宝儿一下急得跳了起来："爸爸不准吃，都是我的！"

## ● 给妈妈抹香香

妈妈在电脑前忙碌地赶稿子，睿睿在妈妈的梳妆台旁，发现了一个漂亮的瓶子，"这一定是妈妈的香香！"他想。于是睿睿拿着那个瓶子跑到妈妈身边问："妈妈，这是你的香香吗？"妈妈的心思全在稿子上，看也没看就说："嗯，是的。你自己玩，妈妈忙着呢。""妈妈，我给你抹香香好不好呀？"妈妈随口应了一声，注意力仍旧没从稿子上离开。于是睿睿打开瓶子，伸出小手指从里面蘸了些"香香"，便在妈妈脸上抹了起来。忽然，妈妈发现有什么不对："这是什么味儿？"一看，原来睿睿手里拿的不是面霜，而是自己的护发素！

---

上述三个孩子的举动，相信在很多的家庭都曾出现过。当孩子问到自己的出生问题时，当发现孩子忽然变得很贪婪、很霸道时，当孩子总是喜欢讨好父母时，当孩子出现很多让父母意想不到的举动或者对一些事情表现出强烈的好奇时，你是否知道，孩子的又一个敏感期到了？下面我们来看一下 0 ~ 6 岁的孩子都会遇到哪些敏感期。

## ▶ 感官敏感期

感官敏感期包括视觉、听觉和触觉的敏感期,从出生直到两岁半左右。视觉功能与眼功能发育相关,听觉功能与耳功能发育相关,触觉功能主要体现在口唇碰触及手部碰触方面,这是孩子对于外部环境所采取的最早的认识方式。

## ▶ 动作敏感期

动作敏感期包括手、腿、脚及身体动作的协调性等能力的发育,从孩子出生时起,一直持续到四五岁左右,可延伸到六岁。在初期会结合感官功能发育,逐渐实现感觉与动作相协调,并使动作听从大脑支配。

## ▶ 语言敏感期

语言敏感期贯穿孩子的整个幼儿时期,从最早通过听觉来进行语言感知与学习,直到熟练地运用语言表达自己的思想、与人交流,要经过五六年的时间,有相关作用的敏感期包括视觉、听觉和触觉敏感期。

## ▶ 空间敏感期

空间敏感期从出生时开始,到两三岁左右达到高峰,期间同时出现的相关敏感期包括感官敏感期、行走动作敏感期、关注细小事物敏感期等,配合感官与动作的发育,并配合对细小事物的不断观察,探索未知的外部环境空间。

## ▶ 秩序敏感期

秩序敏感期从孩子出生后的三四个月时开始出现,一直持续到6岁,是孩子对于规则与完美事物的感受时期。期间同时出现的相关敏感期包括自我意识敏感期、模仿敏感期、执拗敏感期、审美敏感期等,关系到孩子是否能养成各种正确的生活习惯及严格遵守规则的社会行

为习惯，每个阶段都对孩子的心智水平发育有着重要意义。

## ▶ 文化艺术敏感期

文化艺术敏感期包括对文字、数字的敏感以及对阅读、书写的敏感，也包括对音乐、美术等艺术学科的敏感，两三岁时开始有明显表现，四五岁时达到高峰。这个时期对孩子一生的学习与兴趣培养都会起到关键的作用。

## ▶ 情感敏感期

情感敏感期贯穿人的一生。要想让孩子的爱达到爱自己、爱他人、爱护动植物、爱环境、爱社会的博爱境界，应该从小关注孩子的情感发展。在幼儿时期，0～3岁是孩子感受爱的敏感期，4～6岁是孩子表达与付出爱的敏感期。

孩子的情感发育包括对亲情、友情及爱情的感受与认识，这其中的亲情敏感期、人际关系敏感期及婚姻敏感期都是孩子体验并学习应对不同情感的关键时期。此外，博爱也包括爱自己，爱自己从了解自己开始。3～5岁左右处于孩子的自我认识时期，在这段时间，孩子开始注意认识性别、了解出生，认识自己的身份及自身价值，通过对多个敏感阶段的感受，完成对于"自我"的了解。

在上述的故事中，"问出生"的小鑫儿有着明显的关注出生的敏感期特征，而"给妈妈抹香香"的小睿睿则处于付出爱的敏感期。"不许爸爸吃冰激凌"的宝儿，则是处于自我意识敏感期的主要阶段。

### 早教 Early Learning

有些敏感期是呈螺旋状出现的，也就是在婴幼儿的每个年龄段都会出现，贯穿整个婴幼儿时期；而有的敏感期是转瞬即逝的，来得快，去得也快。

# 敏感期到来时
# 会有哪些"信号"

**03** message

孩子的敏感期特征总是被家长误解为"调皮"、"任性",在这种情况下,敏感期的种种表现便经常受到父母的制止。为了避免这种情况的发生,父母有必要对孩子的敏感期表现进行学习。

如果我们注意观察就会发现,实际上孩子的敏感期表现具有"突发性",当我们觉得孩子最近的表现与以往不太相同,就应该在第一时间联想到敏感期的出现,而不是认为他(她)在"捣乱"。

## 敏感期 趣事 Example

### ● "不怕电"的小新

最近几天,小新总是喜欢研究家里的孔孔洞洞,爸爸妈妈发现了,觉得没有安全风险,也没有去制止他。一天中午,妈妈在厨房做饭,爸爸负责看护小新。趁小新自己玩得正欢,爸爸便拿起一本书入神地看了起来。小新玩得有些不耐烦了,便换了个玩法,琢磨起了身边的孔孔洞洞,他抬起头向写字台上方看了看,兴奋地借床头柜的"帮助"爬上了写字台。当妈妈来叫父子两人吃饭时,

● 小新正处于空间敏感期,喜欢探索各种小孔、小洞。

正好看到惊险的一幕：小新的小手指正在伸向电源插头的插孔！妈妈吓得惊呼一声，快步跑上前，将小新从写字台上抱了下来，还气急败坏地和小新爸爸吵了一架，吓得小新哇哇大哭。

## ● 给小花也抹点香香

凡凡特别喜欢小猫小狗，于是妈妈给凡凡买了一只小花狗，凡凡兴奋极了，便要妈妈给小花狗洗澡。凡凡和妈妈一起把小花狗放进盆里。"妈妈，用我的香香！"凡凡把自己的洗发水递给了妈妈。给小花狗洗完澡，妈妈把它包在一条厚毛巾里，擦干身上的水，还用吹风机把它的毛吹干。小凡凡看到干干净净的小花狗，高兴得跳了起来，忽然，她像是想起了什么，急匆匆地跑进卧室，不一会儿，便拿着自己的儿童面霜跑出来，对妈妈说："妈妈，给小花也抹点香香！"

## ● 爱"乱画"的津津

2岁的津津，虽然还不太会拿笔，但是却喜欢上了画画。最初津津在书上、报纸上画，画的全是些线条，而且很乱，不成形状，但看上去还很有点"抽象画"的感觉。后来，妈妈特意给他买了画画用的纸让他画，可津津觉得画得不过瘾，于是墙、床单、被子、桌子等都成了津津绘画的场地，到处都是津津留下的"画作"。妈妈已经跟津津说了很多次，画画只能在纸上画，但津津充耳不闻，依然我行我素，妈妈为此很头疼。

---

这几位孩子的表现让我们不由感叹，敏感期真是一个奇妙的时期，它能让孩子突然间便萌发了某一种欲望，并且一发不可收拾。实际上，在幼儿阶段，每一个不同的敏感期的存在或者出现，都是孩子心理发展的表现，也都隐藏着孩子不同的心理需求。细心的父母会在孩子的细微表现中发现敏感期的到来，每当孩子不断重复出现以下的一些动作或心理时，便标志着他进入了某个相应的敏感期。

## ▶感官敏感期的表现

视觉、听觉及触觉敏感期随着孩子的降生而开始。视觉发育的需求使孩子从生下来就喜欢看颜色反差较大的景象，开始的时候是对光线的敏感，这期间黑白反差较大的景象比较能够吸引他。随着视觉功能的发育，渐渐地，他对各种不同颜色的反差都能够准确识别。比较明显的表现是孩子喜欢一些颜色、明暗光线鲜明的玩具、衣物或其他物品，并开始喜欢运动中的、可以不断变化的事物，能集中注意力用眼睛进行关注，还能够用眼睛准确分辨父母、家人及陌生人。

听觉发育的需求使孩子从生下来就能够对一些声音发生反应，开始的时候是出现眨眼等明显反应，接下来可以将头侧向出现声音的方向，或者寻找声音的来源，并逐渐能对声音进行辨认，区分父母、家人的声音，知道并熟悉自己的名字，还喜欢不断敲击不同的物品，用心倾听敲击发出的声音等。

触觉发育通过口腔感觉的发育和手部动作的发育来获得，最明显的表现是把什么东西都往嘴里塞，吃自己的手指直到整个拳头，喜欢抓、扔物品，喜欢捏小物品等。

## ▶动作敏感期的表现

动作敏感期包括手部、腿、脚及身体动作的协调性等能力的发育，手部动作表现为从最早的触摸到抓、握、扔、拍、拿起、捏起、移动、插孔等。腿脚的动作主要表现在爬、站、迈步、行走、上下坡、攀爬、跳跃等。此外，最早练习上下楼梯时的手脚并用也是动作敏感期的表现之一。

● 妈妈应该为处于听觉敏感期的孩子准备一些触发声音的玩具，例如拨浪鼓、小铃铛、会发声音的娃娃等。

## ▶语言敏感期的表现

宝宝从一两个月开始便会发出一些简单的

音节，甚至是尖叫声或惬意的声音。随着家人与他的交流越来越多，他可以逐渐地发出双音节、多音节的声音，并且开始尝试说话，从单字到词，从词到词组，再从词组到短句，从短句到长句。期间，他还能创造性地用一个字或一个词代表多种不同的情绪。到了五六岁的时候，孩子便可以熟练地运用语言与人交流了。

● 语言敏感期

## 空间敏感期的表现

对空间的认识始于宝宝出生后对所处环境与母亲子宫内环境进行的对比。在他的成长过程中，很多动作发育都是在对所处的空间进行探索，比如扔、捡、行走、上下坡、奔跑等手脚动作的发育及捏、拿、插、踩等细微动作。从两三岁开始，孩子对空间

● 空间敏感期

的敏感开始表现得尤为明显，逐渐喜欢对大、小等不同空间进行感受与探索，比如向瓶子、罐子内放进东西并不断取出，或者钻入狭小空间内进行活动，对于空间内发生的细小变化以及出现的细小事物有敏锐的观察力。

## 秩序敏感期的表现

当孩子的心智水平发育到一定程度，一直以来所感受到的事物发展规律便开始在他们的头脑中定型，当这种规律发生改变时，孩子会出现较为明显的不适反应。比如当某件事情发生程序改变时，或者当某件完整的东西被分开、某种固定的规则被破坏的时候，他们会产生恐慌心理，

● 秩序敏感期

● 情感敏感期

● 文化艺术敏感期

并通过哭闹的形式强求更正，显得顽固而执拗，甚至"不可理喻"。

综合孩子这段时间的表现，可以发现处于秩序敏感期的孩子处处要求完美，甚至是强求完美，不允许破坏规律、破坏规则、破坏完整，并追求更美、更完整、更完善的事物。在这个过程中，孩子的自我意识越来越强，开始有了自己的想法，并坚持自己的想法，于是执拗敏感期、完美敏感期等一些短期敏感期会在此时相继出现。

### ▶ 文化艺术敏感期的表现

每个孩子都是天生的艺术家。对音乐的感受表现在对于音乐声所表现出的反应上。当音乐声响起时，孩子会出现跺脚、点头甚至舞蹈的动作，这是音乐敏感期进入明显阶段后的反应，其后孩子会对歌曲或者乐器产生强烈的兴趣。

1岁多的孩子开始通过抓握动作的练习来发现笔在纸上画出痕迹所带给他的惊喜，随着这种练习不断增多，他逐渐进入了对书写和绘画的热衷时期，不分时间、不分地点地乱写乱画，是他们表达自己的思想或者发挥自己想象力的最早途径。

对阅读的敏感始于听故事的兴趣，伴随着语言发育的不断完善，孩子的阅读过程从倾听转为模仿，最后进入自我阅读阶段。

## ▶ 情感敏感期的表现

0～3岁的孩子与父母感情亲密，对于和父母的分离会表现出忧郁、烦躁等情绪，喜欢随时感受来自父母的亲情抚慰，由于安全感极低，经常通过不同的方式向父母"索取"关爱，主要的表现是撒娇。

3～5岁的孩子开始对自我产生兴趣，开始喜欢研究性别、出生等问题，同时会以模仿偶像等方式来认识自己的身份，还会以热衷于参与家庭及社会活动等方式来发现自己的定位并找到自我存在的价值。

4～6岁的孩子在感受到爱的同时，开始喜欢向父母表达并付出自己的爱，喜欢帮父母做一些力所能及的事，喜欢主动亲吻父母。

4～6岁的孩子会进入人际关系敏感期，通过与同龄人的接触，开始自己探索获取友谊的方法，明显的表现是出现交换的行为，从最早的食物交换到物品交换，最后进入情感交换程序。

4～6岁的孩子会经历婚姻敏感期，通过对父母婚姻关系的观察，开始用游戏的形式来表达渴望婚姻的心态，这时的孩子会出现想结婚、想恋爱、追求喜欢的对象、被喜欢的对象"抛弃"等很多情况，甚至喜欢与父母谈论爱情与婚姻的话题，最后还会走上对婚姻和恋爱进行"理性思考"的阶段。

早教 Early Learning

整个幼儿时期都是孩子心理发展的敏感时期。儿童心理发展敏感期是指孩子学习某种知识和行为比较容易而且心理某个方面发展最为迅速的时期。在这个时期里，孩子在适当的环境中可以无意识地自然掌握某种能力。

# 成功把握
## 孩子的敏感期

message 04

有些父母总是对别人家的孩子很赞赏，觉得自己孩子在某些方面不如其他孩子优秀，并因此怀疑孩子的天赋，或者责怪孩子不用心。实际上，孩子的每一和能力的获得都来自其父母对敏感期的把握，认真发现并把握孩子敏感期的父母，才能培养出成功的孩子。

对于0～6岁的孩子来说，有些敏感期在幼年期是始终存在的，比如语言敏感期、空间敏感期、情感敏感期等；也有些敏感期是稍纵即逝的，比如关注细小事物敏感期、自我认识敏感期、婚姻敏感期、关注动植物敏感期等。

### 敏感期趣事 Example

### ● 姨妈的棉鞋

君君的姨妈一直在外地工作，春节时到君君家做客。君君见到姨妈，高兴得无法表达，他不停地跑啊跑啊，可始终找不到可以表达自己兴奋的方法。君君跑了很久，才停下来，好像憋了很久一样，他大声说："姨妈回来我太高兴了！"然后他终于找到了可以表达自己兴奋的方法——他把姨妈的棉鞋扔进了鱼缸里！

### ● 被"毁尸灭迹"的小鸭子

方方随外婆去乡下家小住，乡下的亲戚家里种着菜园，养着鸡鸭，几只毛茸茸的小鸭子十分可爱。外婆告诉他："走路小心些啊，别把小鸭子踩死了。"第二天，外婆正在屋子里陪亲戚说话，忽然听到院子里传来方方的哭声。外婆赶忙跑出去看，方方大哭着说："我犯错误了，把小鸭子踩死了。"外婆一边安慰他说："不要紧，咱们去看看能不能救活。"一边领着方方去看小鸭子，结果很不幸，小鸭子的肠子都被踩出来了。外婆去扔小鸭子，惊讶地发现院子里好几处位置都有血迹，经过询问，才知道方方在把小鸭子踩死后，曾经想用各种不同的方法将小鸭子救活，可是他在几个位置上"忙活"了好长时间，也没能让小鸭子再站起来，这才哭了起来。

## ● 给妈妈娶回一个不一样的儿媳妇

5 岁的东东已经开始考虑娶媳妇的事情了！妈妈问他："想给妈妈找个什么样的儿媳妇啊？"东东盯着妈妈，眼睛在妈妈的脸上和身上转着说："嗯，我要找一个眼睛大大的，睫毛长长的，头发黑黑的，牙齿白白，嘴唇红红的，个子高高瘦瘦的媳妇……"妈妈高兴得很，以为自己在儿子的眼中竟然如此美丽，情不自禁地在镜子前照了起来。可是妈妈看了半天，越看越觉得自己不符合儿子的"赞美"，这才终于回过味儿。妈妈大声说："这个小坏蛋，把妈妈当了反面教材啦！"东东见妈妈生气了，赶忙安慰妈妈说："妈妈，我喜欢的是原来是瘦的后来变胖的妈妈，不算不算。"爸爸听了东东母子的对话，笑得躺在床上起不来。

上面三个孩子身上发生的趣事让人忍俊不禁，而这些趣事背后却隐藏着孩子不同的敏感期，比如君君的情感表达敏感期、方方的空间探索与细节观察敏感期、东东的婚姻敏感期等。可以确定的是，即使是始终存在的敏感期，在不同的年龄段也会处于不同的发展阶段，如果没有前期的感知与锻炼阶段，也就不可能有后期的熟练掌握阶段。因此，对于孩子来说，每个敏感期的每一个不同的阶段都不容忽视。那么，父母该如何应对孩子身上随时出现的不同的敏感期呢？

## ▶ 给孩子一个自由的敏感期

很多父母都不能及时分辨出孩子的某个敏感期，那么有什么办法能够使孩子的敏感期不被浪费呢？其实这也不难。如果父母不能准确地判断孩子的敏感期，那么就要严格地遵守一个原则，那就是：不干涉孩子的行为与思想，给孩子一个自由发展的空间。

孩子的心智水平在不断发育的过程中，总会产生各种各样的冲动，比如在手部动作敏感期初期，孩子会热衷于将手塞进嘴巴里，这对于他来说甚至是一个很大的"工程"，可是很多父母出于卫生的考虑，会阻止孩子这样做，甚至给孩子戴上手套，让他不能吃到自己的手。这就对孩子的发育进行了干涉，因为孩子这一个小小的动作，关系到他对很多事物的认知。准确地来讲，如果孩子不能成功地把手放进嘴里，会影响他的动作发育，影响他了解皮肤在嘴里的触感，影响他了解皮肤的味觉，还会挫伤他的欲望，让他对自己的敏感期失去信心，并感觉到心理受到伤害。一个小小的出于爱心的干涉动作，却造成了这么严重的后果。

除了"阻止"之外，父母的另外一个干涉方式便是"过度帮助"，当孩子在进行一些尝试时，父母可以视恰当的时机给予轻微的协助，比如当他练习把手塞进嘴巴时，如果练习时间很长仍不能成功，可以轻轻地帮助他把手送到嘴边。但有些父母对于孩子的帮助是非理性的。比如当孩子处于行走动作敏感期时，父母出于安全的考虑，把孩子放进学步车，认为这样可以更安全地学习走路，结果使孩子的平衡感变差。

0～6岁孩子的敏感期一个接着一个，父母应该相信孩子的自由成长能力，如果每个敏感期都受到一个爱心动作的干涉，孩子的心智水平成长便受到了完全彻底的毁灭性打击。这个代价太大了。所以，给孩子自由，是父母在孩子0～6岁时应该注意的头等大事。

### ▶随时让孩子感受到父母的爱

0～6岁的孩子对于来自父母的爱有期待、享受等很多感觉，甚至还有恐慌感。他们的情感安全感极低，随时需要向父母证实对自己的爱。而父母在孩子幼时对他所付出的每一份爱心都会让他感到如获至宝，每一次打击都会让他如临大敌。

当孩子处于敏感期时，固然需要父母给予他们莫大的支持，如果父母能在敏感期内对他进行正确的引导，还会在很大程度上开发他的潜力。但无论如何，对于来自父母的爱是否有所感受，是他顺利经历敏感期的前提条件之一。

当孩子与父母长时间分离，或者过早地被长时间托付给他人或机构进行照顾时，孩子对父母之爱的需求便会进入饥渴状态，这种状态会使他们变得恐慌、沮丧，从而对一切事物失去兴趣，同时造成对敏感期欲望的严重压制，使他们无法集中精力应对自己的敏感期。在这种情况下，孩子的发育水平与速度可想而知。

爱对孩子成长的重要性在于，它不仅关系到身心发育的程度，甚至关系到对于生命的留恋程度。在随时感受到爱的情况下，孩子对于自身及一切外界事物都满怀信心，经历并把握敏感期的主动性较强，心智水平提升速度就会更快。

### ▶尊重是孩子在敏感期内最重视的礼仪

孩子也有自尊心。即使是很小的孩子，在受到呵斥时也会表现出恐惧，两三岁的孩子已经有了非常明显的自尊心，父母的任何不负责任的言行都会让他们对自己的存在价值产生怀疑，甚至会出现逆反心理，影响心理健康。因此我们呼吁成年人尊重孩子的人格与自尊！

当孩子进入不同的敏感期时，总会出现各种各样不同的举动或表现，其中不乏让成年人感觉到难以理解的情况发生。当孩子的言行不符合成年人的"审美"标准时，成年人会"理智"地运用自身的威信来对孩子进行约束，在这个过程中，某些不擅长表达的父母就会在无法制止孩子时对孩子做出呵斥、打骂、讽刺、挖苦等行为来。

孩子从很小的时候起就已经学会了根据父母的脸色来判断父母的情绪，何况是这样直接的打骂与打击呢？每一个孩子对于父母的失态行为都有着本能的抵触情绪。大多数幼儿期的孩子会因父母的打骂行为而产生"失去爱"的恐惧，同时出现自卑或者叛逆的情绪。这对于孩子的心理健康甚至人格发展都极其不利。

我举一个简单的例子。当一个孩子处于绘画敏感期时，最喜欢拿着笔在他认为可以划出痕迹的每个地方画出乱七八糟的线条，墙壁、床单、窗帘、家具、书本等地方都可以看到孩子的"作品"。在初期，大多数父母会进行规劝与批评，但孩子的自控能力较差，敏感期的欲望又较为强烈，所以他多半不能控制自己的行为，继续"闯祸"。在这种情况下，有些家长就会忍无可忍，轻者罚站墙角、重者被斥骂一顿，更有甚者，家长会举起巴掌或者拿起小棍子冲着孩子的小脸或者小屁股狠狠地来上几下。如果再没有起到想象中的效果，这些惩罚就会成为家常便饭，并且夹杂着各种各样的训斥与否定。试问在这种情况下，有几个孩子还能坚持握住画笔不放手呢？多半扔了画笔从此不画，剩下的几个便反其道而行之，不让我画，我偏要画！于是家里所有没被画过的地方全部被画上了线条，甚至有可能包括父母的皮包和衣服。哪一种结果是我们希望看到的呢？孩子不过是在敏感期到来的时候对于画的能力产生了兴趣，如果父母给他一张纸，再精心地想一个让他画到纸上的理由，这一切不就迎刃而解了吗？

再比如，当孩子处于婚姻敏感期时，总喜欢说自己喜欢这个孩子喜欢那个孩子，想和这个人结婚想和那个人结婚，甚至同时喜欢几个人，希望举行婚礼，为了这个，还不惜每天用好吃的食物去打动人家。在这种时候，父母如果保持情绪的正常，并适时地在孩子与自己讨论的时候发表一些意见，孩子的敏感期就会很顺利地过去。但有些父母

只会严厉地训斥他："人不大花花肠子可不少，不是个好东西！""从哪学这些乱七八糟的事来？以后再琢磨这些不正经的事看我不打死你！"有的父母态度好些，但用词也非常不恰当，比如对孩子说："乖宝宝，咱们以后不说这些丢人的话，只有坏人才这么说。"父母的这些态度就比孩子的敏感期还要敏感了。无论是态度好的还是不好的，父母的这些评价无一例外地给孩子传递了错误的信息，孩子从父母的这些话中只可能总结出一个结论：我是个坏孩子！

### ▶ 做孩子最好的榜样

在孩子的成长过程中，父母占据了很多个"第一"的位置。第一位启蒙老师是父母，第一位想要结婚的对象是父母，第一位最信任的成年人是父母……当然，孩子的第一位模仿对象也是父母，可以说，父母是孩子的第一位偶像。

孩子从2岁左右起会进入模仿敏感期，开始对他所崇拜的偶像——强大的、无所不能的父母进行模仿。随着他的一天天长大，他的模仿对象还可能包括某个他喜欢的人或者明星。但这并不意味着2岁之前的孩子便没有模仿的欲望。通过下面对敏感期的学习，我们会知道，孩子学习语言，是通过对父母语言的感知与模仿，孩子养成良好的生活习惯，是通过对父母生活习惯的模仿，甚至于孩子对待生活的态度，也是父母言传身教的结果。从这个意义上来讲，父母作为孩子的第一位可模仿的偶像，责任非常重大。

榜样的力量是无穷的，对孩子来说亦如此。0～6岁幼儿的模仿能力极强，接受事物的能力也极强，父母如果能够警醒自身，做好孩子的榜样，一定会使孩子的心智水平向着更积极的方向发展。

# 科学早教就要抓住宝宝的敏感期

宝宝成长的某一特定时期内，其大脑神经元会产生许多分枝与其他神经元相连接。从剖面图看来就如同一张密集的网络一般。此能力发展得越好，其神经元网络越密集，传递速度越快，那么人在掌握某项能力或进行某项学习时也就相对容易些。明白了脑神经的发展原理，那么我们也就更容易理解新生宝宝的一些生长特点了。

在新生宝宝的大脑中，神经元最初并没有特别明确的分工。宝宝对于某项能力的经历和经验，决定了他的大脑中究竟有多少神经元来指挥身体去提高这项能力。一般而言，活动越多，神经元之间的连接越稳定；反之，活动越少，相应的连接会因为久废不用而逐渐萎缩并消失。比如，如果宝宝经常用到他的小手，那么就会使其大脑中的更多神经元致力于控制手部肌肉，经常练习走路则会使更多的神经元致力于控制腿、脚部的肌肉等。如果缺乏练习，相关能力的发育就会很弱，如果不进行练习，也就不会具备相关能力。所以，结合身体的成长，在这些特定的时期，学习某一技能便显得极为重要。这就是宝宝处于相对应的敏感期时，必须使其接受有效的环境刺激以促其提高相关技能的原因所在。比如为了让宝宝充分利用语言敏感期，就要让他多练习发音，为了提高语言理解能力，就要多与他们进行交谈，为了提高宝宝的空间运用能力及运动能力，就要让他们多跑多跳多玩耍。这才是科学早教的意义及作用所在。

孩子在成长的过程中都要经历一系列的敏感期，在敏感期内，给予相应的环境刺激，孩子都能无师自通地掌握很多特殊能力。但不同的敏感期存在的时间不同，有些敏感期的存在是呈螺旋状的，也就是在幼儿期的任何一个年龄都存在，有些敏感期是稍纵即逝的，存在的时间较短。但大多数敏感期都有一次性的特点，经过之后便不再回来。如果在敏感期内没有学到相应的能力，在敏感期后想要培养这种能力，就会相对困难，甚至无法成功。

# Part 02

# 感官敏感期：
## 开启宝宝探索世界的第一步

宝宝自呱呱落地后，就会凭借眼睛、耳朵、口、手等器官来探索环境、认识事物。当宝宝不断地重复某种动作或做出某种举动时，父母要耐心地指导他们，而不能简单粗暴地制止。要让宝宝通过自己独有的认知方式来探索这个世界。

# 视觉敏感期，喜欢追寻光线

**01**

宝宝出生后不久，便开始对光产生敏感，视觉敏感期随之开始。最初的半年，婴儿视力发育的水平对其心智发展起着至关重要的作用。而从出生直到6岁，视觉对于其认识世界、感受世界所起到的作用对他一生的发展都举足轻重。

无论人类还是动物，在生命初期，都需要逐步构建大脑，并建立其基本功能，各种感觉器官都与大脑中相应的神经中枢相连。宝宝的视觉发育，也会随大脑及其功能的发展而不断发展完善。由于婴儿的视觉敏感期到来的时间早，表现特殊，因此极易被误解或忽视。

## 敏感期趣事 Example

### ● 不喜欢彩球的小宝宝

小宝宝一出生回到家里，就睡在了自己的小床上。他的小床很漂亮，上方还挂着几串彩色的小球，五颜六色十分漂亮，按一下按钮，那些小球还会伴着悦耳的音乐声"翩翩起舞"，这可是爸爸妈妈为了锻炼宝宝的视力和听力，特意买的。但是，没过多久，爸爸妈妈就发现了一个问题。尽管他们总是喜欢让音乐声响起来，让彩球跳起舞来，想要吸引宝宝的注意，可宝宝对这些彩球一点兴趣也没有。相比起来，他更喜欢盯着墙角看。这是怎么回事呢？

### ● 喜欢大树的妮妮

妈妈发现，当她抱着不到4个月的妮妮在小区的凉亭里乘凉时，妮妮总会眼睛直勾勾地望向一个方向，似乎连眼珠都不转一下，这是怎么回事呢？有一次，妈妈仔细地观察了一下那个方向，可是除了一棵大柳树，什么也没有，难道是那棵柳树？妈妈把头靠在和妮妮平等的位置，顺着她的眼神望过去，原来下午的太阳正好被那棵大柳树的枝叶挡住，透过枝叶间的缝隙，斑驳的光点就像深绿色屏障上闪烁的金色星星。妮妮就是被这"星光灿烂"的绿色"天幕"吸引住了。

## ● 不理妈妈的牛牛

下午，已经大半天没有理妈妈，并且一口奶也没吃的牛牛终于耐不住饥饿，一脸委屈地吃了几口奶，可是在吃奶的过程中，他一眼都没有看妈妈，刚刚吃完，就把脸扭到一边去了。这让妈妈很郁闷。傍晚，天有些凉了，妈妈披上一件毛衣，再一次把牛牛抱起来，想试着再喂他些奶，没想到牛牛看到妈妈，突然又变得高兴了起来，他迫不及待地把妈妈的乳头含进嘴里，眼睛盯着妈妈肩膀的方向，一边吃，一边发出满足的声音。妈妈对牛牛今天两次情绪的转变感到很奇怪。这时，妈妈发现牛牛盯着她的肩膀看，于是也向自己的肩膀看了一眼，才明白问题出在哪里了。原来，前一阵天气凉，每次喂奶的时候，妈妈都要把这件深色的厚毛衣披在身上，毛衣靠近肩膀的地方，绣着一朵牡丹花，很是醒目。今天的温度稍高些，妈妈没有披这件厚毛衣，牛牛吃奶的时候没有东西可看，所以才用"不理妈妈"来进行"抗议"。

## ▶ 视觉敏感期的表现

刚刚出生的小宝宝和不足半岁的妮妮、牛牛，都是处于视觉敏感期的孩子。他们的行为有着明显的视觉敏感期特征。具体来讲，处于视觉敏感期的宝宝会有以下的一些表现：

### 表现一 喜欢看颜色反差强烈的事物

罗曼·罗兰在《约翰·克利斯朵夫》中曾有过这样的一句描述："从黑暗墙壁上高高的窗户射进来的光线，给婴儿带来了第一个惊喜和欢乐。"一个刚出生的婴儿，由于视觉尚处于模糊阶段，他们唯一能看清的只有黑白颜色反差较大的事物，只有黑白颜色的巨大反差能够让他们惊喜与快乐。因此，他们会到处寻找阴影或者阴影的边界，并逐渐找到生活中他们所能见到的所有明暗相交的地方。比如窗帘、书籍在窗台和书柜上产生的阴影等。

现在我们便可以理解为什么上面提到的小宝宝，对于五颜六色的彩球不感兴趣，却只喜欢盯着墙角看。因为墙角常会有阳光在不同角度照射，使家具在白色的墙壁上投下黑色阴影。这些白墙上的阴影能让他们有更清晰的感觉，而那些五颜六色的彩球，他们根本看不清，更无法区分，所以，反倒不如给刚出生的孩子买些黑色和白色的球更有用途。

### 表现二 能区分妈妈和陌生人

随着孩子一天天长大，他逐渐开始能看清周围的事物，认识身边的家人，并有意识地对周围的人进行选择。你可以很明显地发现他的这个变化。在某一段时间，他看到妈妈会表现出很愉悦的情绪，而一看到陌生人，就会哭泣甚至喊叫。这个时候，大多数父母都以为是宝宝和外界接触比较少造成的，但实际上，这只是宝宝因视觉发育的逐渐成熟而带来的心智发育到了一定的阶段而已。

● 四五个月的宝宝已经能区分妈妈和陌生人了。

● 新出生的小宝宝更喜欢看颜色反差强烈的事物。

● 随着孩子视线范围的扩大，他们开始有意识地观察周围的事物。

## 表现三 对感兴趣的事物能长时间关注

　　孩子的视线范围不断扩大，他们用眼的主动性越来越强，并开始有意识地观察周围事物，在这个时候，他很有可能会发现一件让他感兴趣的玩具，或者其他的什么东西，并不停地盯着它看，很专注，注意力非常集中。就像我们提到过的妮妮，当妈妈带她坐在凉亭里时，她的目光就会被不远处那棵大柳树透出斑驳光线的枝叶所吸引，神情专注地盯着看，甚至连眼睛都很少眨一下。不理妈妈的牛牛也是一样，他在吃奶的时候，喜欢一直盯着妈妈那件深色毛衣肩头的浅色牡丹花看，当妈妈不再穿那件毛衣时，他就不能再看到那朵花，于是便对妈妈产生了抵触心理。

　　其实从这两个例子中我们还可以发现一个问题，那就是随着孩子一天天长大，他们的视觉能力有了一定的发展，可以逐渐看清并区分周围的很多事物，但在相当长的一段时间里，他们所感兴趣的虽然早已不再局限于黑白颜色，却仍旧对于深浅颜色反差比较大的事物感兴趣。只是相对于新生儿时期，他们的眼界更宽泛、目的性更强而已。

### ▶ 父母要避免的误区

　　保护孩子的敏感期，就是保护孩子的成长。下面我们来具体看一下，在孩子的视觉敏感期，父母要避免哪些思想与行为误区。

## 不要对视觉敏感期有轻视心理

在一些父母看来，孩子的视力在一定的年龄会有一定的发展，没有必要刻意为他开发视力，只要保护他的眼睛不要受到外界伤害就可以了，但这种想法是非常不科学的。

任何一个敏感期，都不仅关系到某个个体感官的发展，它们代表着孩子不同的心理需求，同时关系着他的智力发展。在不同的敏感期帮助孩子促进敏感期发展，是不断提高孩子心智水平的最好办法。

孩子对于自己的小手，总是先用一段时间进行专注的观察，然后便将手指逐个塞进嘴里，接下来才是不断锻炼手的使用功能。在这个过程中，他先用视觉去认识自己的手，然后通过吮吸手指来促进口、手的感触功能，通过拍手来辨识两手相击所发出的声音，等到对自己的小手"知其形、识其味、辨其音"之后，再去练习对它的使用。通过这个过程我们可以很明确地看出，视觉是人类其他感觉的基础。我们常说"眼睛是心灵的窗口"，其寓意便源于此。

因此，对于孩子的视觉敏感期，父母应该加以重视。孩子的视觉敏感期大多是从出生起，一直延续到六个月左右，父母要利用这段时间，对他多加引导与启发，培养他的视觉能力，促进其认知能力的发展。

## 不要忽视新生儿白内障

有一个小男孩刚出生时，一只眼睛轻度感染，医生用绷带将其缠了两周，两周后这只眼睛上的绷带被取下，却变成了一只失明的眼睛。医生们对他的这只眼睛很头疼，因为它完全正常，没有任何疾患——除了无法治愈的失明。

生命的任何器官都严格遵守着"用进废退"的原则，刚刚出生的婴儿，大脑发育处于关键期，身体的各个感觉器官都会接受大脑的指

令，去履行自己的职责，大脑会对眼睛说："去看。"对耳朵说："去听。"对口和手说："去感触。"如果感觉器官在执行大脑命令的过程中受到来自于外界的阻碍，不能正常发挥功能，大脑就会默认这部分功能不被需要，从而放弃发出新的指令，造成器官功能的"被遗弃"。由于这个男孩的眼睛在出生后长时间被绷带遮挡，不能执行大脑发出的"看"的指令，于是这只眼睛的功能便"被遗弃"了。

新生儿先天性白内障，就像是在孩子的眼睛上蒙了一层绷带，如果能尽早发现，帮孩子拿掉"绷带"，对孩子的视力还有挽救的机会。但如果发现得过晚，即使摘除白内障，他的视力也会受到影响，严重的仍然会失明。

发现新生儿白内障，需要父母在宝宝出生后的第一周对其进行认真观察，如果发现以下几个特点，应该立即求助于医生进行判断。一、新生儿无眼神；二、新生儿出生后 7 天左右，会发现经常用手揉眼睛；三、新生儿眼睛不能注视；四、新生儿的眼睛对光线刺激无反应；五、新生儿眼球不能随移动光线转动；六、新生儿眼睛瞳孔发白，无光亮。为新生儿进行白内障手术的最佳时间是出生后 7～18 周，早发现早治疗，才能最大限度保证他的视力发育不受影响。

**早教 Early Learning**

宝宝在出生时便已经有了光觉反应，遇强光时会引起闭目。但眼睛的运动并不协调，有时会有轻度的眼球震颤，但这种情况在出生后3～4周便会消失。从第2个月起，宝宝已经可以协调地注视物体。如果有物体快速接近眼前，会引起宝宝的瞬目反应。第3个月时，宝宝的眼神已经可以追随运动中的人或玩具。到了第4～5个月时，宝宝便已经能够认识妈妈，看见奶瓶等自己常用的东西会表示出喜悦的情绪了。

31

# 为宝宝创造
# 良好的视觉环境

**message 02**

启发与引导宝宝的视力发育，需要父母为其创造良好的视觉环境。在有助于其视觉发育的环境中生活，更有助于宝宝视觉及认知能力的迅速发展。

宝宝对外界的关注度越来越高，能不断发现令自己感兴趣的事，这是宝宝视觉敏感期内的正常发展。为了配合视觉敏感期的需要，引导宝宝利用视觉敏感期提高认知能力及心智水平，父母应该为其创造良好的视觉环境。

## 敏感期趣事 Example

### ● 看光盘的咪儿

妈妈带 5 个月大的咪儿去保健所打预防针，回来的路上看到一辆特别的三轮车。这辆三轮车周身都贴满废旧光盘，在阳光下闪着五颜六色的光，很是醒目。妈妈发现咪儿一直盯着这辆车看，直到车转弯，还伸长小脖子一直看到再也看不见了为止。从那以后，咪儿开始喜欢上了光盘。于是，妈妈特意把家里的废旧光盘贴在墙上，并经常变换位置，这也成了咪儿最喜欢的一

道"风景"。每当趴在妈妈的肩头，随着妈妈来来回回的脚步，在不同的方向看到这些光盘上五颜六色、忽明忽暗的光时，她总是瞪大眼睛、安静极了。

### ● 睡"病床"的冬冬

冬冬的小床和别人的不太一样，它的小床就像医院里的病床一样，是可以调节成倾斜状态的。在他 4 个月大的时候，妈妈经常让他的小床稍斜些角度，这样冬冬就可以躺在床上看到整间屋子了。这时的冬冬很少哭闹，他最喜欢扑闪着两只大眼睛，看妈妈在屋子里忙来忙去，看看被风吹得飘动的窗帘，有时，妈妈也会用 DVD 放上一段动画片，这都足以让他专注地观察很长时间。

### ● "自恋"的小菲菲

小菲菲现在只有半岁，为什么说她"自恋"呢？原来，她最近忽然开始喜欢照镜子了。妈妈衣柜上的镜子给她带来了许多乐趣，她最喜欢被妈妈抱到镜子前面，对着镜子里的自己笑嘻嘻。有时候，衣柜上的镜子被推拉门挡住了，菲菲就会哭闹，直到镜子被重新露出来，她才会露出笑脸。

### ▶ 良好的视觉环境必备的"道具"

一个适合视觉发育的环境，应该具备一些经常变换的形状、具备深浅反差且比较鲜明的颜色以及细节扩大化的玩具等事物，当然，还应该有一面能让宝宝随时观察到自己的镜子，和一些方便孩子开阔视野的其他小措施。下面，我们逐一来看一下这些物品所营造出的"视觉环境"对宝宝的视力发育具有哪些作用。

### 道具一　有变化、会运动的物品

处于视觉敏感期的宝宝，对于明暗对比强烈的事物以及处于运动中的事物最感兴趣。咪儿妈妈把光盘贴在墙上，当人处于不同的角度时，看到的颜色不同；如果凑近看，还能照出人影，并看到房间里的其他部位，这对于处于视觉敏感期的宝宝来说，是非常有吸引力的。

躺在倾斜小床上的冬冬，看被风吹动的窗帘、看忙来忙去的妈妈，看动画片时的聚精会神，都是由于窗帘、妈妈以及动画片的不断动作，以及动作过程中所带来的一系列变化吸引了他。孩子的眼神在追逐有变化、会运动的目标时，他的观察能力和认知能力与视觉同时得到更进一步的提高。

对月龄相对较小的宝宝，应该以悬挂玩具为主，比如小灯笼、彩色的小转盘、吹塑玩具等，这些玩具对于练习眼部活动比较有利。

### 道具二　有深浅反差的色彩

宝宝出生时只对黑白反差强烈的颜色感兴趣，这是由于其视觉发育水平所决定的。随着宝宝不断长大，他所能看到的世界越来越清晰，各种各样的颜色开始对他越来越有吸引力。但"深浅反差"仍然是其视觉的挑剔之处，所以父母要注意在孩子的房间里摆放一些颜色深浅反差较大的物品。

### 道具三　细节扩大化的玩具

关于细节扩大化的玩具，我更倾向于介绍大家为半岁左右的宝宝准备一个面部比较突出的玩具，比如大头娃娃。不论是有着人脸的娃娃，还是有着动物脸的娃娃，头部一定要大，五官一定要完整、分布合理。

宝宝的视觉能力发展到半岁左右的时候，便会开始对人的五官感

兴趣，这是引导他认识五官的最好时期。父母可以
在陪宝宝玩大头娃娃的过程中，引导他们认识娃
娃的五官，然后认识爸爸妈妈的五官，
并顺利地指认自己的五官。当然，
在引导宝宝认识自己的五官时，镜
子也是必不可少的一个道具。

## 道具四　镜子

　　"自恋"的小菲菲之所以
喜欢镜子，正是由于她的视觉
能力发育到重视五官的时期。
在镜子中，她可以看到自己的模
样、表情、五官在面部的真实分
布以及五官随着表情的变化而发生的变化。

● 当宝宝的视觉发育到重视五官的时期，妈妈可以
给宝宝大头娃娃玩具，引导宝宝认识自己的五官。

　　如果这面镜子恰巧放在小床的一侧，那么躺在床上的宝宝为了照
镜子，会很主动很努力地学会翻身；如果这面镜子恰巧放在床头的方
向，宝宝练习翻身，以及抬头的能力肯定要强于其他同龄孩子。

　　当爸爸妈妈在镜子前引导宝宝触摸自己的五官，并去指认镜子中
那个"宝宝"的五官时，他又会发现小手指在镜子上的相遇，这一切
都会让他明白，原来镜子中的那个宝宝是自己。那么接下来，他又了
解了镜子的作用。孩子认识世界的过程，就是这么简单而奇妙。

## 方便开阔视野的其他"道具"

　　冬冬的那张可以调整角度的小床，是一个为宝宝营造视觉环境的
好道具，使宝宝在房间内开阔视野，提高自由度，使其在不受任何束
缚的情况下尽情观察视力所及的一切。

　　除了小床，家长们也可以自己开动脑筋，为宝宝安排一些其他道
具。比如在墙上和桌子上摆不同的玩具，在雪白的墙上挂些颜色鲜艳

的图画或活泼可爱的卡通图片，带宝宝翻看图案鲜明、突出的卡通书，为他选择颜色、图案各不相同的窗帘、床单等。

## ▶营造视觉环境存在的误区

营造良好的视觉环境，应该为孩子专门准备一些有助于其视觉发育的"道具"，但一定要注意避免以下几个误区。

### 误区一　颜色单一

对于处于视觉敏感期、喜欢具有颜色反差环境的宝宝来说，整体颜色过于单一，对于其视觉发育来说是一个很大的障碍。有的家庭根据宝宝性别的不同，将他的卧室营造成粉红色或湖蓝色的海洋，宝宝的所有物品几乎都是粉红色或湖蓝色。也有些有洁癖的妈妈，让宝宝的卧室一片白色，白的墙、白的床、白的窗。即使有其他颜色，也只是极其细小的部位，不容易引起尚未发育到细节敏感期的孩子注意。大面积的同色调会影响孩子对颜色反差的视觉敏感度，使他的眼睛缺乏分析与判断的机会，同时影响辨别能力的训练。

### 误区二　颜色杂乱

我们提倡为宝宝准备颜色反差较大的物品，但并不意味着这些颜色要被布置得杂乱无章，各种颜色的合理搭配也很重要。红的床，绿的窗，黄的枕头，蓝的被子，再加上色彩各异的图案，这么多颜色在小小的面积里同时出现，即使是成年人，也会发生视觉疲劳，何况是正在锻炼着增强视觉能力的小宝宝呢？所以，在为宝宝准备不同颜色的物品时，也要注意颜色的清新、纯正，以及相互间的合理搭配。床单、枕套、被单、窗帘等面积较大的物品，应该准备几套不同的搭配方案。清洗更换时，还能让房间有焕然一新的感觉。

### 误区三　不加引导

为宝宝营造有积极意义的视觉环境，一定要亲自引导他去发现这个环境中的"神奇"之处。用宝宝喜欢的语调，不厌其烦地利用这些道具吸引他的注意力。比如，父母在带宝宝照镜子时，可以拿着他的小手，对着镜子摇摇，嘴里说："你好，你是谁呀？"还可以摸着他的小耳朵，说："这是宝宝的耳朵。咦，也是那个宝宝的耳朵呀？"抱着他在房间里时，可以指着床单说："呀，宝宝的小床有蓝色的床单，真漂亮。"……宝宝对这些语言并不能完全听懂，但他喜欢的语气会让他更愉悦，对周围的一切更有兴趣，让他的视觉发育更具有主动性。我们还可以惊喜地发现，宝宝的语言理解能力在这个过程中也会得到迅速的发展。

**早教 Early Learning**

宝宝在出生后的头两个月，每天的大多数时间在睡梦中，但随着时间的推移，他睡觉的时间越来越少，清醒的时间越来越多，对外界事物的兴趣却不见提高。在这种情况下，父母就有必要刻意采取措施，调动他的积极性了。

# 听觉敏感期，
# 对各种声音都好奇

message 03

实际上，宝宝的听觉敏感期在胎儿时便已经开始了。降生的过程，只是让宝宝换了一个新的环境，继续经历自己的听觉敏感期而已。

听觉不仅决定着宝宝是否能够听到世界上各种美妙的声音，还决定着其语言功能的发育是否能够正常。0～2岁是感觉系统发展的敏感时期，由于宝宝的听觉敏感期在胎儿时便已经开始，在出生时他已经具备了一定的听力。如果在0～2岁期间，家长能够有意识地对宝宝进行听力启发，会使他的听觉能力得到迅速的提高。

## 敏感期趣事 Example

### ●听不见声音的小豆豆

豆豆出生一周时做听力测试没能通过，医生让家长过几天再带豆豆去医院进行复查。豆豆的爸爸妈妈无论如何也不能相信自己的宝宝会有先天性的残疾。最初的几天，他们都是小心翼翼地说话、做事，再偶尔弄一些稍微大的声音出来，观察豆豆的反应，遗憾的是，小豆豆一点反应也没有。接下来，爸爸妈妈索性将生活中的各种声音恢复了正常，还时常和小豆豆说话。有一天，趁小豆豆睡觉时，爸爸去卫生间洗尿布，不小心把脸盆掉到了地上，发出很大的响声，爸爸吓了一跳。但没过一会儿，卧室里传来了豆豆妈妈的惊呼："豆豆听见啦，豆豆听见啦！"随后的听力复查结果也告诉豆豆的爸爸妈妈，豆豆的听力是完全正常的。但那段听不到声音的时间是怎么回事呢？

## ● 珊珊的不倒翁

3个月大的珊珊是个爱哭闹的孩子，只要妈妈一把她放在小床上，她就哭个没完没了。这个问题让珊珊妈妈很头疼。有一天，妈妈抱着珊珊实在太累了，便随手拿了个穿红白条纹衣服的不倒翁，坐到了床上。珊珊刚要咧开嘴哭，妈妈就把不倒翁按倒，一松手，不倒翁就直起了身子，还发出好听的"叮咚"声。珊珊这一次没有哭出来，而是安静地盯着不倒翁，看它躺倒又站起来，不停地发出"叮咚"的声音。从那以后，珊珊喜欢上了这只不倒翁，只要她一哭闹，妈妈就拿出这个不倒翁，珊珊看着它憨态可掬的样子，听着它的"叮咚"声，立刻就会把注意力转移过去，不再哭了。

## ● 军军的"顺风耳"

爸爸妈妈给1岁的小军军取了个外号，叫"小顺风耳"。他的听力特别灵敏，有时连爸爸妈妈都听不到的声音，他也可以听见。平时，即使是极其细小的声音，都逃不过他的耳朵。有一次，妈妈刚刚把军军哄睡，爸爸便悄悄按下了电视机遥控器的开关，这台电视机开机的时候一点声音都没有，可谁想到开关刚刚按下，军军便一骨碌爬起来，警觉地扭头看了一眼电视机。军军很爱看电视，爸爸怕他不睡觉，在他爬起来时，便赶忙又按了一下开关，将电视机关掉了。军军见电视机没开，又躺下睡了。过了一会儿，爸爸又悄悄按了一下开关，可军军又爬起来"检查"，爸爸只好又关掉。重复了几次，爸爸很懊恼，只好打消了看电视的念头。

### ▶ 正常的听力是宝宝学习语言的前提

在前面的小节里曾经提到过，生命的任何器官都严格遵守着"用进废退"的自然原则。人的大脑在早期会进行自动的、快速的连接，指挥身体各器官执行指令，但这种连接取得成功的多少取决于刺激经验的多少。各器官在不断执行命令的过程中功能被不断强化，但如果偶尔执行命令，其功能就会逐渐消失，如果根本不能执行命令，其功能就会彻底消失。

宝宝在半岁之前能听懂任何语言，即使不是母语，他们也能听懂。但半岁以后，由于受到语言环境的限制，他所能听懂的语言越来越少，逐渐便只剩下生活区域之内的语言。

俗话说"十聋九哑"，那些先天性耳聋或在语言学习的过程中因为各种原因导致耳聋的孩子，大多都学不会说话。即使是通过科学的锻炼与坚持不懈的学习，学会了发音，也与正常人的发音有明显区别。这是由于听觉敏感期受到阻碍，孩子无法向外界的声音进行学习造成的。3 岁之前是孩子学习语言的重要时期，如果不能在 3 岁之前接受语言刺激，孩子很可能会成为聋哑儿。一般来讲，听力正常的孩子在4 ~ 9 个月便开始牙牙学语，有听力障碍或缺少语言刺激和感知环境的孩子，有可能超过 11 个月仍不能开始牙牙学语。如果在无声的环境中或无人类语言的环境中生活到 8 岁以上，他们将完全失去语言能力。

## ▶ 进行听力启发的科学方法

听觉的发展直接影响语言的发展。如果宝宝的听觉发展不好，语言能力也会受到影响，而环境在宝宝的敏感期发育中起到了至关重要的作用。因此，父母应该为处于听觉敏感期内的宝宝营造良好的听觉环境，用科学的方法促进他的听觉发育。

### 保持正常的"有声"环境

有些家长认为刚出生的宝宝怕吵，便想方设法为其提供安静的生活环境，全家人走路轻手轻脚，说话也要压低了嗓音，平时做事小心翼翼，连一根针也不敢掉在地上，这是很不科学的做法。0 ~ 2 岁是宝宝感觉系统发育的敏感期，听觉也是其中之一。宝宝听觉系统的发育需要不断的声音刺激，如果总是人为地让他们生活在过于安静的环

境中，孩子长大后对声音的敏感度会低于其他人。因此，家有新生儿时，没有必要刻意降低环境声音，只要保持正常的生活音量即可。让宝宝适应正常的声音环境，这是促进其听力发育的根本前提。

## 结合视觉刺激，对小月龄宝宝进行必要的听觉刺激

新生儿已经有听觉，但其听觉系统尚未发育完善，对弱小的声音常有迟钝反应，只有比较大的声音才能引起他的注意。对于突如其来的强大声音，会有瞬目、震颤等反应。如果生活环境过于安静，不利于其听力发育，因此家长有必要对刚出生的宝宝进行一些听觉刺激。

有些新生儿的父母发现自己的宝宝无论对比较小的声音还是比较大的声音，都没有任何反应，甚至于在医院里做的听力测试都没有通过。这是因为有些新生儿在出生时，由于中鼓室并未充盈空气，且有部分羊水在耳内发生潴留，影响了声音的传导，导致听觉发生暂时性的问题，家长大可不必过于恐慌。在正常情况下，大约两周左右，孩子耳内的羊水会被完全吸收或蒸发，耳内没有了"异物"的影响，其听力可以得到集中，在听到足够音量的声音时，会将眼睛转向声音发出的方向。因此，首次听力测试未通过的孩子，在两周左右时应该进行一次复查，医生会根据复查结果，得出有说服力的结论。

值得注意的是，对于首次听力测试未通过的孩子，如果父母能够对其进行正确的听力训练，对其听觉进行科学的刺激，即使是各种原因导致听觉发育略有迟缓，也会尽快赶上正常发育的步伐。上文所提到的听不见声音的小豆豆便属于这种情况。豆豆爸妈的做法很值得提倡，给孩子正常的声音环境，经常与他进行沟通与交流，静心等待豆豆的听力恢复正常。

新生儿的视觉和听觉是两个有性格的"孩子"，它们之间不合作、不沟通，只是尽心尽力地做着自己的"工作"。对于外界的刺激，视觉和听觉在最初并不能做出一致的反应。但视觉与听觉的高度配合，恰恰是提高宝宝的反应灵敏度、促进视觉与听觉协调发育的前提。因此

父母在为宝宝进行听觉刺激或视觉刺激的同时，应该注意两者的结合，并坚持不懈。

在听觉和视觉敏感期，哭闹中的宝宝对悦耳的声音和漂亮的事物最感兴趣，通过有形、有声的吸引，不仅能让他集中注意力，还能使他更乐于活动，从而锻炼到他的骨骼和肌肉。上文提到的那个爱哭的小姑娘珊珊，被一个穿着红白条纹衣裳、躺倒还会直起身子、会发出悦耳"叮咚"声的不倒翁吸引了注意力，便是听觉和视觉同时刺激所取得的效果。

为宝宝进行视听训练的方法有很多。下面我为大家介绍几种最常见也是最有效的方法。

### ◎ 颜色鲜艳的小玩具训练法

当宝宝睡醒时，用相当于爸爸妈妈巴掌大小的鲜红色小玩具逗引他，当他出现眨眼等视觉反应时，慢速地弧形移动玩具，距离不超过8厘米，让他的视线随玩具移动的方向移动。注意在白天进行，并且不要让孩子的眼睛对着灯光或太阳光，最好将窗帘拉上，使室内的光线略暗。每天2～3次，每次不超过5～8分钟。

### ◎ 有声玩具训练法

用八音盒、铃鼓、哗铃棒等有声音的玩具，在宝宝的一侧发出声音，吸引他将头转向有声的一侧。待宝宝出现反应后，再转向另一侧进行。但注意开始时不要让宝宝看到这些玩具，发出声音的速度要时快时慢，音量要时大时小，并配合爸爸妈妈温柔的声音，比如"叮叮当，叮叮当，小铃儿，响叮当"等。如果他听到声音后能停止哭闹或减少动作，注意力集中，还可以训练他用眼睛寻找声音。每天以2～3次为宜，每次不超过5～8分钟。

### ◎ 经常与宝宝交流

经常用温柔的声音和宝宝说话，给他读儿歌、唱小曲，或者轻声

呼唤他的乳名。无论是为他洗澡、喂奶还是穿衣、换尿布时，都要注意与他进行语言上的交流。开始的时候，这些语言方面的交谈宝宝并不能听懂，但重要的是为他制造这样的气氛，如果你坚持下去，你会发现他理解这一切的时间要比你想象中早得多。因为这些听觉刺激促进了他的认知能力与语言能力的发展。这种游戏同样每天以 2 ~ 3 次为宜，但每次时间不要过久，以 3 ~ 5 分钟为宜。在与宝宝交谈时，还可以配合进行皮肤抚摩，抚摩的部位可以是他的头部、腹部、背部，也可以是四肢、手脚、手指、脚趾等。这种动作会让孩子的心情愉悦而放松。

## 为 1 周岁左右的宝宝进行"噪音"训练

上文中的军军对于爸爸妈妈认为根本不存在的声音有敏感，是听力得到进一步发育的表现。1 岁之内的孩子注意力不容易集中，无法对声音进行过滤，如果同时有一种以上的声音出现在他的耳中，他的注意力就会被打乱。但 1 周岁以后，孩子的听力便开始向我们靠拢。

### ◎ 宝宝能听到成年人听不到的声音

如果仔细想一下就会发现，当我们身处某个环境中时，常常能静下心来听我们想听的那个声音，让其他不想听的声音处于"劣势"。军军家有一台开关机时"无声"的电视机，但这种无声不是绝对的，而是声音很小，成年人觉得这种音量完全可以忽略不计，但 1 周岁宝宝的耳朵却不这么认为，他对任何一种声音都很敏感，都很好奇，所以他听到这种成年人根本不会注意的声音便不足为奇。

针对宝宝的这种成长，父母有必要在他 1 周岁以后，着重对其进行有关声音过滤的训练，使其早日具备选择或放弃某种声音的能力，养成自觉集中注意力的好习惯。

### ◎ 利用"噪音"培养宝宝对声音过滤的能力

对宝宝进行声音训练，可以通过分辨"噪音"的方法来进行。父

母应该在平时刻意制造一些"噪音"，并吸引他忽视噪音，只重视自己想听的声音。比如在给宝宝讲故事时，让家里的电视机打开，让电视机的声音作为一种"背景声音"，与爸爸妈妈讲故事的声音同时存在。最初的时候为了让宝宝关注讲故事的声音，忽略电视的声音，可以将电视机的音量调小。等到他能够适应在较小的电视机声音中集中注意力听故事时，再将电视机的声音稍微调大些。过一段时间，等到宝宝再次适应后，再稍调大些。用不了多久，你就会发现，即使电视机的声音再大，他也能聚精会神地听你讲故事，电视机的声音丝毫也不会影响他。但是，如果宝宝在这种训练中表现出注意力受到电视画面与声音的影响的状态，比如出现烦躁情绪或注意力转移的问题，应该立即关掉电视机，不要急于求成。如果强行训练，会适得其反。

## 对 0 ～ 6 岁的宝宝讲话时要注意语言表达方式

5 周左右的宝宝便能够分辨出妈妈说话的腔调了，如果妈妈用与成年人交流时的语调与他说话，他根本不感兴趣，但如果妈妈用与他说话时特有的腔调，他就会表现出愉快的情绪。6 岁以内的孩子，尤其是 3 岁之前的孩子，最喜欢听成年人用妈妈的语调和他们说话，这种语调让他们更容易接受，并且更容易理解。科学家们的实验也证明，妈妈的腔调对于孩子的听力发展有非常好的促进作用。

### ◎ 放慢语速、吐字清晰

妈妈在和小宝宝说话时，无论是语气还是用词，都具有语速慢、吐字清晰的特点。这有助于他那能力有限的大脑指挥他的听觉与妈妈的语速同步，方便交流，也便于模仿。

## ◎ 语句简短、内容具体

妈妈在与孩子说话时，会选择能够最直接表达本意的最简短的语言。比如孩子想要玩小熊玩具，不想睡觉，妈妈会说："小熊也要睡觉，和宝宝一起睡。"在这种情况下，孩子多半会愿意马上睡觉的。但如果妈妈说："不要再玩儿了，你不睡觉爸爸妈妈也不能睡。"这就很难为孩子了，因为年龄稍小些的孩子，思维还无法上升到"不能连累别人"的高度。所以只有简单具体的语言才最适合他。

## ◎ 适度重复、声情并茂

适度的重复与略为夸张的表情也是妈妈与孩子说话时常用的方法。比如妈妈为他做了可口的小点心，就会一边拿着小点心向他炫耀，一边对他说："这是什么？漂亮的小点心！妈妈做的小熊点心！哇，真香啊，宝宝来尝尝小点心香不香？"在妈妈声情并茂的炫耀中，孩子会迫不及待地亲口尝一尝小点心。这样，他不仅能够记住漂亮的小熊点心味道很香，还会觉得只有妈妈亲手做的才最香。

当然，这些妈妈与孩子交流时常用的表达方式，并非只适合妈妈使用，任何成年人在与0～6岁的孩子进行沟通与交流时，都应该使用这种特殊的语气。因为这种方法可以将复杂的语言简单化、亲切化，易于孩子理解与接受，使他更乐于倾听与模仿，从而促使其听觉能力及语言表达能力快速发展，最终达到促进整体智力发育的目的。

需要提醒家人注意的是，我们提倡家人在与孩子交流时用"妈妈语言"。但绝对不提倡模仿宝宝尚未成熟的发音方法与其交流，比如将"这是宝宝的"说成"介系宝宝几"，将"妈妈在干什么"说成"妈妈待担寻么"等。这是不良的语言习惯，当孩子再"学舌"时，就会发生模仿与反模仿的尴尬，影响他的语言表达能力。

6岁之后，孩子的感觉器官敏感期基本结束，性格也基本稳定，已经能够基本掌握语言工具，理解能力和思维能力也有了很大程度的提升，这时就应该停止对其使用"妈妈语言"了。

# 口腔敏感期，
# 用嘴巴认识世界

**04** message

口腔敏感期是指宝宝通过口来认识周围世界，并建构自己大脑和心理世界的时期。大多数孩子的口腔敏感期出现在 0～2 岁。

新出生的婴儿虽然有视力，但视力极弱，虽然有听力，但听力也尚未发育成熟。只有他的嘴，从出生开始就能正常吃母乳，能够感受母亲的乳头与乳汁，为他带来最直接的触觉和味觉体验。因此，伴随着宝宝的出生，口腔敏感期随之到来。从最初的寻求母乳到其后的吃手脚，再发展到将所有能触到的东西悉数塞进嘴巴里，孩子的口腔敏感期以跨越的姿态迅速地向前发展。

## 敏感期趣事 Example

### ● 当当的"小弟弟"

3 个月的当当费了一个下午的劲儿，才在爸爸的帮助下把拇指放进了嘴里。奶奶看到了这一幕，对当当的爸爸说："你如果再要一个孩子，肯定是个男孩儿，当当吃拇指，那他就会有个小弟弟，如果吃的是食指，那就是小妹妹了。"当当爸爸笑着说："您呀，怎么这么迷信呢？"奶奶说："我年轻的时候，老家的老人们就这么说，你哥哥当时就是吃拇指，后来又有了你啊！"当当爸爸又笑了笑，不和自己的母亲争论了。当当的拇指越吃越香，动作也越来越顺利，没用多久，把手放进嘴里的动作就不吃力了。有一天，爸爸发现当当现在不仅吃拇指，还把拇指和食指一起放进了嘴里，他便立刻笑着问当当奶奶："难道接下来，咱们家会有一对儿双胞胎？哈哈。"奶奶不以为然地说："那有什么稀奇的。"可是又有一天，爸爸发现当当塞进嘴巴里的手指又增加了，最后，竟然想要把整个拳头全都塞进嘴巴里，他又忍不住笑着问当当奶奶："妈，您说，当当想把整个拳头都塞到嘴里，那接下来咱们家会有几胞胎啊？"

## ● "偷吃"的林林

外婆洗了几粒红红的大枣想用来煮粥，没想到 2 岁的外孙林林趁外婆不备，抓起一颗大枣就塞进了嘴里。当外婆发现时，林林鼓着嘴巴吃得正香，外婆吓坏了，担心林林把大枣的核吞下去，便千方百计地想引导林林把大枣吐出来。可是大枣又红又甜，林林吃得正香，哪舍得吐出来啊。平时林林就喜欢把各种东西往嘴里送，妈妈虽然很少干涉他，但却会一直在一边守着他，对于这一点，外婆始终不满意，她认为养成这样的"毛病"会发生危险的。这次，林林将大枣完整地塞进嘴里，万一将枣核吞进肚子里怎么办呢？谁想到，正在外婆着急的时候，林林却突然拉过外婆的手，用自己的小手把外婆的手抚平，小嘴向前一凑，吐出一颗光溜溜的大枣核来。

## ● "贪吃虫"小飞扬

小飞扬最大的爱好就是吃东西，这一天，妈妈买回三种不同口味的冰激凌，小飞扬高兴极了。他雀跃着看妈妈打开了其中的一盒，并用小勺子挖了一口喂到他嘴里。没想到刚吃两三口，他就对这盒冰激凌不感兴趣了，伸着小手不停地指家里的冰箱。原来，他亲眼看到妈妈把另外两盒冰激凌放进了冰箱里，他想尝尝另外的两盒。可妈妈看到他的举动，对他说："扬扬，这盒还没有吃完，不能把另外的两盒打开，另外的两盒咱们留着明天吃。"无论妈妈怎么说，小飞扬就是不同意，执意要把另外的两盒冰激凌也拿出来打开。妈妈生气了，狠狠地瞪了他一眼，连已经打开的一盒也"没收"了。小飞扬哇哇地哭了起来。

## 口腔敏感期的表现

三个小宝宝的故事各不相同，他们的表现也不一样，但这些都是处于口腔敏感期的宝宝最有可能出现的情况。处于口腔敏感期的宝宝主要有以下几种表现：

### 表现一 吃手脚

宝宝从出生时起，就懂得利用自己的嘴巴来感受周围的一切事物，吃小手、吃脚丫，绝大多数的宝宝都会经历这个过程，前面我们提到的小当当就是出现了这种表现。宝宝吃手脚的过程，大多是从大拇指开始，逐渐增加其他手指，一直发展到将所有手指放进嘴巴里吮吸，或者将小拳头塞进嘴巴里。

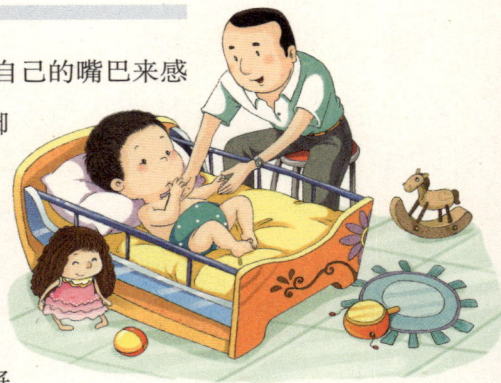

由于胎儿时在母亲子宫内的特别姿势，宝宝的四肢十分灵活，小脚丫能轻而易举地被小手送进嘴里，因此很快，大脚趾就会成为他的"新宠"。而宝宝认识自己的手脚，了解自己的手脚，便是在这个吮吸的过程中开始的。

### 表现二 喜欢将所有的东西都往嘴里塞

了解了手的滋味之后，手的功能便随之被口唤醒。自从宝宝的小手学会了有目的地抓取物品，它便开始将身边所有可接触到的东西向嘴里塞，这些被小手塞进嘴里的东西并不全是食物，有时也可能会是一粒珠子，或者一块毛巾，甚至是妈妈的衣角，有时还会令人震惊地尝一尝桌椅或小床的味道。在我们成年人看来，宝宝这样毫无警惕地把所有东西往嘴里

放，既不安全，又不卫生，于是常常严加制止，惹得宝宝异常伤心。

实际上，宝宝在口唇接触的过程中，了解了各种不同物品的形状、质地、口感等的不同特点，同时能够得出一个重要的结论，那就是什么东西是可以吃的，什么东西是不可以吃的。更重要的是，通过对不同物品的口唇接触，宝宝能够尽快了解自己的小嘴巴都有哪些功能，甚至有多大的容量，并在这个过程中促进口腔功能的发育。这是他们通过自己的口在与外部的世界建立联系，用他们力所能及的方式来了解他们所处的这个世界。如果家长对他横加干涉，显然就会影响他的"世界探险"了。在这种时候，过多的干涉会严重影响孩子的潜能发挥。

## 表现三 喜欢咬人

2周岁左右的孩子，有时会突然出现喜欢咬人的现象。这些宝宝喜欢突然袭击，他们先是很友好地拉过别人的手，或者用小手捧着别人的脸，然后趁人不备"狠狠地"咬上一口，再迅速地躲开。我们成年人发现宝宝有这个举动后，常会不分青红皂白地将他教训一顿，但事实上，他们的这种举动仅仅是为了亲自感受一下别人皮肤的"口感"。

## 表现四 对食物表现"贪婪"

因为控制不住"吃"的欲望而偷吃了一颗大枣的小林林，正出现了对食物"贪婪"的表现。在大多数的时候，孩子对食物产生贪婪的心理时，并非因为他们想要将所有的东西都吃掉，而是仅仅出于"品尝"的目的。除此之外，当同一种东西因为某种因素被分成若干份

时，也更容易激发孩子的品尝欲望。

小飞扬尝过一盒冰激凌后，很想尝尝另外两盒是否与这一盒一样，吃到嘴里凉凉的、滑滑的，还有水果的味道。很多小朋友与小飞扬一样，比如同时有若干袋薯片，他们会要求将薯片全部打开，并逐一品尝，但是到了最后，他们并不会把全部的薯片都吃掉，而是专心地选择一袋薯片来吃。这是由于在品尝的过程中，他们发现原来所有的薯片除了味道稍有些不一样，口感上是完全一样的，所以便选择了自己喜欢的口味去吃，其他则被暂时"抛弃"了。

## ▶ 用嘴巴认识世界

当宝宝进入口腔敏感期，毫不设防地将所有的东西都塞进嘴里，家长确实非常担心他们的安全。因此，我们有必要掌握帮助孩子顺利度过口腔敏感期的方法。这种方法其实很简单，那就是满足他的口腔敏感期需求，让孩子用嘴巴去认识世界。

### 让孩子自由享受"口感"

在 0 ～ 2 岁半这一段时间，宝宝的大部分注意力都会在自己嘴巴上。口腔敏感期受到干涉，没有得到满足的宝宝，会出现抢别人的食物、乱动乱拿别人的东西、注意力难以从食物上移开等许多问题，影响日后的学习，甚至会影响到成年后的生活。

仍旧是那个"偷吃"大枣的林林，他能够在吃大枣的时候，将果肉吃掉，并在不用手帮忙的情况下，将枣核上的果肉吃干净，最终将果核安全地吐出来，证明了口腔敏感期得到满足的孩子，在经过一段时间的体验之后，口的功能也在不断完善，并具备了口腔分辨能力。正是由于在"研究"的过程中了解了食物的软与硬，他才能准确地将大枣柔软的果肉部分吃掉，并吐出坚硬的果核。

### 做好"安全工作"

需要注意的是，为了安全起见，一些危险性的物品，如刀、玻璃

球、金属器具等，最好不要让它们出现在孩子伸手可得的地方，以免孩子受伤。

当他想吃自己的手脚时，我们所要做的是保证他的手脚卫生，其他的不应该干涉，得到满足的宝宝会感觉非常快乐。当他产生用自己的口去"研究"其他物品的愿望时，我们也没有必要横加干涉，在保证卫生的基础上，如果这些物品中有豆子、瓜子等颗粒较小的物品，在让他尽情"研究"的同时，我们不能离开他的身边，直到看到他把这些东西放进嘴里，又全部安全吐出来为止。

随着月龄的增长，孩子的手部及其他器官的敏感期也会相继到来，到那时，孩子会逐步开始学会用手及其他方法去感受与探索他所未知的世界，在不知不觉中，口腔敏感期就会过去了。

**早教 Early Learning**

受到干涉的敏感期会延长。正常的宝宝在2岁以后便已经度过了口腔敏感期，而需求经常被阻碍的宝宝，其口腔敏感期有可能延长到4岁，甚至更久。

# 手部敏感期，让双手舞起来

**05** message

宝宝的手部敏感期大多集中在0～2岁。与口的敏感期同样，如果在敏感期内，宝宝的双手受到干涉，不能得到满足，手部敏感期将会延长到4～5岁。

当口的吮吸将宝宝的手唤醒，手的敏感期便渐渐地开始来临了。在无数次帮助口"运送"各种物品的过程中，宝宝惊讶地发现自己的两只小手竟然能拿到这么多东西。渐渐地，他的手便不再满足于这种"搬运工"的工作，开始尝试着亲自去探索世界了。

## 敏感期趣事Example

### 喜欢和面的妞妞

妈妈在厨房和面，妞妞被妈妈放在旁边的小车里。看到妈妈揉面，小妞妞用力地向前挺身子，手指着面盆，兴奋地发出"嗯嗯"的声音。妈妈转过身来亲了亲妞妞的小脸，对她说："妞妞，这是面，是妈妈给妞妞蒸馒头吃的，不能玩儿啊。"妞妞仍旧努力地冲着面盆用力，几乎从小车里翻出来。妈妈满手是面，抱也没法抱她，哄也没法哄她。妞妞玩不到面，急得大哭起来。妈妈没办

法，便匆匆洗了手，把妞妞放在小椅子里，面前摆上她的小桌子，用一个小盆放了些面粉，又把妞妞的小杯子倒了半杯水，让她自己玩儿。妞妞高兴极了，她把水倒进小盆里，又把两只小手伸进小盆开始"揉面"。等妈妈从厨房做好饭出来，看到妞妞还在兴奋地玩着面，脸上身上全是面浆。

## ● "破坏大王"小凯凯

小凯凯已经1周岁了，是个非常调皮的小家伙。最近，妈妈发现凯凯有了一个新"毛病"，那就是爱扔东西。开始的时候，他把自己的小枕头扔到了地上，又让爸爸帮他捡起来。可是爸爸刚刚递到他手上，他又扔到了地上，又让爸爸捡起来。爸爸再次帮他捡起来后，凯凯高兴地笑出很大的声音。从那以后，他就喜欢上了这种"游戏"，总是随手把能碰到的东西扔到地上。有时候实在过分了，妈妈会生气，可是凯凯却喜欢上了扔掉东西后妈妈生气的样子，总是趁妈妈不备，迅速地把东西扔在地上，然后看着妈妈生气的表情，高兴得手舞足蹈。

## ● 夕儿的"兰花指"

吃饭的时候，爸爸用筷子夹一粒花生米，没有夹稳，花生米掉到了桌上。小夕儿伸出两只小手指，翘着另外三只小手指，认认真真地将花生米捏了起来，放回了盘子里。爸爸妈妈欣喜地发现，自己的宝贝夕儿会用两只手指准确无误地捏起东西来了。为了确认夕儿的新本领，爸爸假装又无意间掉了几颗花生米，小夕儿每次都翘起三只小手指，伸出食指和拇指将花生米捏了起来。爸爸妈妈高兴极了，爸爸还特意用手机给夕儿正在捏东西的小手拍了一张照片，保存在电脑中，下面还写了说明：看，夕儿的兰花指。

## ▶ 手部敏感期的表现

手部敏感期是宝宝验证自己的手的能力的过程。当宝宝进入手部敏感期时，会有如下的一些表现。

### 表现一 喜欢抓弄细软滑腻的东西

在七八个月时，宝宝开始喜欢抓弄一些软软的、细细的、滑滑的东西，比如面粉、细沙等，也有的宝宝喜欢玩水。在这些游戏中，宝宝能够得到心理上的巨大满足，而这一切都是手部敏感期到来的信号。前文中提到的喜欢和面的小妞妞，便有着这样的表现。

### 表现二 热衷于不停地扔东西

喜欢扔东西，也是手部敏感期到来的信号。小凯凯喜欢扔东西让爸爸帮自己捡，喜欢扔东西惹妈妈生气。事实上他所喜欢的不是让爸爸捡的过程，也不是妈妈生气的过程，而是扔东西的过程。当他第一次将东西扔出去之后，他会对自己的新发现感觉到非常的惊讶，那就是他发现了手的新功能——扔东西。以前，他始终认为手的唯一功能就是拿东西，扔东西对于他来说是十分新奇的。所以不断体验这种新奇感，才是他不停地扔东西的初衷。

● 扔东西是宝宝手部敏感期的明显表现。

### 表现三 开始喜欢做一些略为精细的手部动作

当宝宝的手开始能够抓东西时，他们只掌握一种抓法，那就是"一把抓"，无论拿什么东西，都是用一把抓的方法。但随着手部动作越来越熟练，他们开始逐渐掌握了一些略为精细的手部动作。比如三指盖瓶盖、两指捏豆豆等。

宝宝突然对杯盖、瓶盖、笔盖、锅盖等盖子感兴趣，这是手部敏感期进一步发展的表现。有些小宝宝在这个阶段会十分热衷于盖盖子，有的时候为了成功盖好一个瓶盖，会用半小时以上的时间聚精会神地努力，成功后会有极大的满足感。在练习盖盖子的过程中，手的功能进一步强化，渐渐地开始掌握用三个手指"抓握"的方法。

当宝宝对扣子、豆子、纸片等比较细小的东西感兴趣时，他便已经开始练习用两只手指捏东西了，翘着兰花指捡花生豆的小夕儿，便正好处于这一时期。用两只手指将细小的东西捏起来，相对宝宝的年龄来讲已经是一种非常精细的

● 宝宝通过拧盖子锻炼手部的精细动作。

手部动作了。但宝宝的手部功能仍具有极大的开拓空间，不断的动作总会将手的全部功能唤醒的，宝宝的手会越来越灵活。

## ▶ 让宝宝顺利度过手部敏感期

让宝宝的双手不受束缚地舞起来，是我们应对宝宝手部敏感期的原则。为了避免过多的干涉影响宝宝的发育，针对不同的手部敏感期表现，我们应该为宝宝提供相应的自由空间。

### 喜欢抓弄特殊手感物品时期

宝宝从七八个月开始，特别喜欢抓弄一些软东西，这不仅是为了满足自己的手感，也是智力发育的一种需要。所以父母应经常为他们准备一些面粉、面团、香蕉等东西进行抓握，让他感受手部能破坏某些东西，也能重塑某些东西的力量。

锻炼宝宝自己吃饭，不要嫌弃他吃得有多么"恐怖"，是否从头到脚都沾满饭粒。因为无论吃成什么样子，宝宝自身是十分兴奋的，即使整顿饭都是他用手抓着完成的，也只是让我们这些成年人觉得"恐怖"而已。因为宝宝自身正享受着手部接触到柔软的食物时的乐趣。当然，我们必须要相信宝宝的力量，用不了多久，这种在我们看来十

分恐怖的吃饭场景就会消失了。随着手部动作的不断发育，他吃饭时的动作也会越来越熟练，可以学会用勺子、用筷子，最终他会比同龄的宝宝更早掌握自己吃饭的"本领"。

## 喜欢扔东西时期

1岁左右的宝宝会在一个无意的扔东西动作中，开始发现扔东西的乐趣。这种发现对于我们来说不足为奇，但对1岁的宝宝来说，却是一件比哥伦布发现新大陆还重要的事情。因此，我们有必要像宝宝一样，把这件事充分重视起来。

例如，为宝宝准备一些不怕摔、落地时不会发出太大声音的小玩具，如橡皮球、布娃娃等。玻璃、陶瓷等材料的玩具不适合为宝宝准备，这种物品不仅容易打破，造成损失，如果不小心还会划伤身体。此外，一些落地时声音太大的物品，比如金属制品，容易打扰邻居的生活，也不应该选择。

带宝宝到户外玩一些小的投掷游戏。比如扔皮球、扔沙包等。注意和孩子的距离不要太远，投掷时用力不要过大。

## 喜欢盖盖子时期

盖盖子的练习过程，是宝宝手部的抓握功能从"一把抓"向"三指抓"的过渡时期，是手部功能走向精细的重要过程，为了避免孩子四处找盖子的过程中有可能发生的安全问题，父母可以专门为宝宝准备一个有盖子的塑料瓶，供宝宝坐在固定的位置进行练习。

## 喜欢捏豆子时期

练习捏细小物品的过程，是宝宝手部的抓握功能从"三指抓"向"二指抓"过渡的时期，手部的功能进一步走向精细。这时如果不能随时在宝宝身边进行监护，就不要随意给宝宝豆子或者扣子等有可能造成危险的小颗粒物品，可以将装药的小纸盒剪成若干个小纸片，放在他的周围，供他练习用两个手指拿捏。

总知，让宝宝顺利度过手部敏感期，就是要让他的手得到充分的自由，让他的全部需求都得到满足。在这个过程中最重要的一点，就是不要对宝宝的乐趣横加干涉，当他在进行扔东西或玩面团以及盖盖子、捏豆豆等动作时，不要制止他或训斥他。父母应该做的是尽量为宝宝提供可用来玩耍的物品，并对他进行鼓励和赞扬，同时做好保护工作。

● 用两指捏豆子表明宝宝的手部功能进一步走向精细。

早教 Early Learning

长大后用不好筷子，或因为非习俗的原因，喜欢用手抓饭菜的孩子，大多是手部敏感期始终没有得到满足的孩子。

# 让宝宝充分发挥
## 自己的感官功能

良好的生活环境是宝宝发挥感官功能的基础，而注意力集中是感官功能得到充分发挥的保障。本着"用存废弃"的原则，人的感官从婴幼儿时开始就必须加以保护和利用。为了保证感官正常，应该做到不疲劳、不分心、不过分刺激、五官结合运用。因此，父母平时在为宝宝进行感官训练时，应该适可而止，一定不要搞疲劳战术，以免他的感官因过分刺激而失灵。

当宝宝处于敏感期时，父母不能阻拦他正常的敏感期需求，应该尽量为宝宝顺利度过敏感期创造必要的条件，并给予大力的支持与鼓励。让宝宝充分发挥自己的感官功能，还应该包括不同的感官功能相结合使用，这是对感官的一种保护，它能同时保护全部感觉器官中的任何一个不因"闲置"而迟钝、退化或失去作用。

例如，对于2岁之前的宝宝，应该经常让他观察各种没有见过的事物，并让他听各种不同的声音。如果能力允许，可以把这些事物和声音编成儿歌教给宝宝。进入口腔敏感期时，要保证宝宝常用来进行口腔体验的物品卫生合格。在手部敏感期，要增强宝宝的动手功能，让他习惯亲自动手体验与感知，培养主动探索的意识和习惯。对于有安全隐患的东西，要用简单的语言不厌其烦地提醒宝宝远离。

在任何敏感期都不能干涉或阻拦宝宝的敏感期需求。对于2岁以后的宝宝在求知的过程中所遇到的问题，应该尽可能引导他自己去想答案，甚至可以任由其自由想象，使之摆脱对父母心中正确答案的依赖心理，培养独立思考的意识。

养成良好的感官功能使用习惯，让宝宝充分发挥自己的感官功能，这取决于敏感期的科学利用，对宝宝的一生至关重要。

# Part 03

# 语言敏感期：
## 引导孩子的语言发展

当宝宝发出牙牙学语声时，父母在高兴的同时也要明白宝宝进入语言敏感期啦！婴幼儿具有自然赋予的语言敏感力，对成人而言非常难的语言学习，对婴幼儿来讲却易如反掌。语言能力会影响婴幼儿的智力开发水平，因此，家长应在语言敏感期引导、鼓励宝宝说话、讲故事或多采用其他方法来加强宝宝的语言表达能力。

# 0～3岁是孩子学习语言的敏感期

**01** message

0～6岁是孩子语言发展的关键时期，而0～3岁是宝宝学习语言的重要阶段，它决定着宝宝的语言能力是否能得到顺利发展，因此也决定着宝宝的脑功能是否能够得到正常的开发，以提高其智力发育水平。

半周岁之内，是宝宝进行语言感知的基础时期，半岁到1周岁之间，是宝宝牙牙学语期，1～3周岁，是宝宝的口语发展期，其中2～3周岁是宝宝口语发展的爆发期。在0～3岁之间，宝宝都处于语言学习期，因此可以说，0～3岁是宝宝学习语言的敏感期。

## 敏感期趣事 Example

### ● 爱叫爸爸妈妈的小帅

夏天的一个傍晚，吃过饭后，爸爸妈妈带着10个月大的小帅出去遛弯儿，小帅高兴极了。马路两边三三两两的全是遛弯儿的人，坐在爸爸胳膊上的小帅忽然大叫了一声："爸爸！"爸爸下意识地答应了一声："哎。"小帅又叫："妈妈！"妈妈也回答："哎！"小帅又叫"爸爸"，得到回答后，又叫"妈妈"。爸爸妈妈觉得很开心，很配合地回答着他，一遍又一遍。于是，整条街的人都听到了小帅与爸爸妈妈的对话。

### ● 外婆的烦恼

春节的时候，小梦圆14个月了。初二那天，妈妈带他去外婆家，晚上便住在了那里。夜里，小梦圆迷迷糊糊地对身边的外婆说："婆婆，

尿尿。"外婆醒过来，有点不相信自己的耳朵，便问他："怎么了，我

的小外孙？"这时，小梦圆清清楚楚

地说："婆婆，尿尿。"外婆高

兴极了，因为小梦圆从来没

叫过外婆，有些时候好像是

故意的一样，让他叫别人他都

会叫，可唯独让他叫外婆的时

候，他总是一脸"坏笑"的样子，

就是不开口。这天夜里可不一样，他

不仅清清楚楚地对外婆说："婆婆，尿

尿。"还在尿完后叫了好几声"婆婆"。令外婆

没想到的是，第二天，再让他叫外婆，他又一脸"坏笑"的样子，不

叫了。

## ● 没有"伟大想法"的小赫赫

　　3 岁的小赫赫是家里的宝贝，由于爸爸妈妈经常对他进行语言开

发，他小小年纪就听过许多故事，甚至会背许多儿歌和古诗，爸爸

妈妈希望他将来是一个有出息的孩子。但是最近的一些事让赫赫妈妈

很头疼。那天，小赫赫和爸爸一起玩橡皮泥，爸爸问："咱们捏个什么

呢？"小赫赫想也没想就回答说："捏马桶。"还有一次，妈妈不小心

把杯子打碎了，小赫赫非常严肃地批评妈妈说："妈妈真是个臭屁屁。"

另外，妈妈还发现，小赫赫对于"便便"之类的词也很感兴趣，越是

让人感觉脏乎乎的词儿，他越有兴趣。妈妈发愁极了，自己从来也没

用这些词引导过他呀？这是怎么回事呢？这又怎么办呢？

　　前面我们提到的几个宝宝都处于 0 ～ 3 岁之间，他们的语言发展

特点很具有代表性。下面我们来具体探讨一下 0 ～ 3 岁宝宝的语言发

展进程。

## 基础感知期

新生儿在听力正常的情况下，对外界声音的感知能力进步很快，仅需几天的时间，便会对妈妈的声音表现出特殊的偏爱。让新生儿在具有正常声音的环境中成长，感知能力进步更快。1个月内的婴儿虽然尚不具备语言能力，但却有其特殊的代替语言的表达方式，那就是哭泣。对于饥饿、寒冷及其他不适的感觉，他会用哭声提醒父母，并且在不同的情况下，发出的哭声也有所不同。

2～3个月的婴儿可以出现一些表达情绪的声音。比如吃饱后及换过尿布之后，会发出满足的"呃"、"嗯"等声音。大多数的父母在宝宝发出这些声音时，会与他进行一些互动。比如在宝宝发出"呃"等满足的声音时，模仿他的声音对他进行回应，并配合亲切的表情，会让他有很愉快的感觉，并继续发出互动的声音。

3～4个月的婴儿，视力及听力都得到了很大的发展，能够感觉到来自不同方位的声音，并发出相对上一阶段更加复杂的声音，比如"呃呜"、"嗯啊"等，此时的婴儿对于外界的声音非常敏感，尤其注意倾听说话声及音乐声，对妈妈的声音最为敏感。独处时，宝宝会偶尔发出一连串的"小长音"，有时发出尖叫声，并出现一些唇部动作。这一时期，当父母用柔和的语气与他"对话"、交流时，他的注意力比较集中，并会有相应的声音回应。

4～5个月的婴儿，已经知道自己的名字了。当听到自己的名字时，他会有明显的反应。对于大人经常对他说的一些话已经比较熟悉，主动发音的情况越来越频繁，同时开始用不同语气的发音与表情、动作来表达自己的情绪。

5～6个月时，"啊、啊"、"嗯啊"、"嗯——"等声音对于宝宝来说已经可以运用自如，父母经常与其进行互动"聊天"的宝宝，在受到鼓励的情况下，能发出更多相对复杂的音节。这一时期的宝宝所发出的声音，大多并无准确目的，属于无意识的发音，比如"卡卡"、"啦

啦"、"爸"、"妈"、"姨"等。5～6个月的宝宝有一个比较明显的变化，那就是对于语言的理解能力大为增强，当听到妈妈、爸爸、奶奶、爷爷等称呼时，知道看向相应的人。此外，他对于陌生人的排斥心理表现得越来越明显，用我们常说的话来讲，就是开始"认生"。

## 牙牙学语期

进入半周岁以后，宝宝开始进入了牙牙学语期。此时的宝宝已经能发出不同的哭声、笑声及其他复杂的声音，在无意识的发音过程中，其语调和节奏也略为复杂。最为重要的是，这一时期的宝宝的听觉已经进入了语言化时期，对于大人发出的某些语言性的指令，已经能做出感知性反应。比如妈妈拉着他的手说："握握手。"他便会做出配合的动作。

7～8个月的宝宝对自己的名字有了更深的理解，对大人所说的许多话已经能够理解，并出现主动的动作配合。比如当爸爸妈妈说"再见"时，他会摇动小手；说"欢迎"时，他会拍手。甚至当听到类似于"把娃娃给某某"的指令时，能够准确无误地将手中的物品交给指定的人。当大人向他伸出手说"来抱抱"时，他会张开双臂扑向对方，让对方抱。此时，宝宝对于肯定性与疑问性的语气已经能够辨别，并开始有意识地进行模仿，经常发出"嗯？""嗯！"等有明显语气的声音，并乐此不疲。

8～9个月时，大部分宝宝能说出一些有意义的叠词，比如"爸爸"、"妈妈"。他的发音越来越准确，并能表达自己想要表达的意思和感情。对于大人发出的一些语言性指令，他们的动作配合程度越来越强，对于相反意思的指令能够做出相应的配合。

9～10个月时，宝宝的语言能力有了质的飞跃，他能理解的语言越来越多，从字词发展到短句，对于语言性指令的动作配合进一步加强，听到有人叫自己的名字时，会发出答应的声音。这一时期的宝宝对于象声词最为感兴趣，比如妈妈说"小鸡叫叽叽，小鸭叫嘎嘎"，他们就会对其中的"叽叽"、"嘎嘎"表现出强烈的兴趣，听到时发出愉快的笑声。对于爸爸妈妈念的儿歌，他们的反应会比较兴奋。

10～11个月的宝宝已经有了非常强的语言模仿兴趣，象声词是他们最喜欢的模仿对象。这时的宝宝开始出现语言运用的欲望，能用一个字或词表示多种意思。比如一个"嗯"字，他们可以用不同的语气发音，表达同意、高兴、拒绝、不满等多种情绪。

## ▶ 口语发展期

从1周岁时开始，宝宝的语言发展从牙牙学语期进入了口语发展期。1周岁的宝宝已经可以简单地运用语言，能说含混不清的词，能根据自己的意愿使用词语，比如"走"、"有"、"拿"、"抱"、"不"、"宝宝"、"吃包"等。如果父母平时注重对宝宝的语言启发与练习，有的1周岁的宝宝便可以说些小短句，如"妈妈抱抱"、"宝宝吃"等。但对于大多数的宝宝来说，此时更多地运用简单的单词来表达自己的意愿，也就是"以词代语言"。

13～14个月的宝宝大多已经可以说些三四个字的小短句了，当大人对他说常听的儿歌时，如果刻意留下最后的字词不说，他会做出准确的连续。比如妈妈说："小河流水哗啦啦，小马回家告妈妈，咕嘎咕嘎又咕嘎，原来是个小——"孩子会立刻说："蛙蛙。"对于常常进行的儿歌游戏，他也会高兴地进行对接。比如妈妈说："大公鸡，喔喔叫，老师讲课他睡觉，左耳听、右耳冒，你说可笑不可笑？"他会非常愿意配合性地发出"哈哈哈哈"的笑声。但这时的宝宝在进行语言学习时，常会出现一些特殊的情况，比如忽然会正确地用一些平时不用的词，但就像昙花一现，接下来又会很长时间不再用。有的时候也会对某些称呼或词语感觉"羞于启齿"，需要很长的时间才能够适应。就像我们前面所提到的那个不叫"外婆"的小梦圆，其实这些对于语言学习期的孩子来说，是非常正常的现象。

15～16个月时，宝宝可以说出6～8个字的小短句，并说出越

来越多的词，还能联系不同的对象。比如"宝宝觉觉"，"带娃娃饭饭"等。这个时期的宝宝还可以对于一些提问进行回答。比如妈妈指着皮球问："这是什么？"他会回答："球球。"有些平时接受语言启发较多的宝宝，可以回答得相对较为完整。比如妈妈指着远处的汽车问："那是什么？"孩子会回答："那是大汽车。"

17～18个月的宝宝，说话时已经可以有一些语法运用。他们能用简单的语句表达自己的想法，喜欢同成人进行语言交流，热衷于在成人的指导下背儿歌，对于成人的指令也有非常踊跃的动作配合。

18～19个月的宝宝连续说出10个或10个以上字的句子已经不是什么稀奇事儿了，但他们最喜欢用的词语有一个很明显的特点，就是双字叠词，比如妈妈说"妈妈撅嘴了"，他会说"不撅撅。"这是因为从1岁半开始，宝宝的语言能力进入了"双词句语言阶段"，这是宝宝对于语法的最初运用，对于他的语言发展来说，是一个"伟大"的时期。

19～20个月的宝宝已经能够同时听懂50个字以上的句子，并开始熟练地使用带有主语和谓语的句子，语言能力发展快的宝宝，已经能够使用带有宾语的句子，比如"宝宝抱娃娃觉觉"、"爸爸不打宝宝屁屁"等。有些宝宝已经开始不仅仅满足于叠词，能够使用准确的词语了。比如"让妈妈关门"、"坏爸爸不乖"、"宝宝听话"等。

21～22个月的宝宝能够开口表达自己的需要了，并能掌握几十个单词的意思及使用方法。此时的宝宝对于名词有着非常强烈的欲望，他已经能够清楚地明白，所有的东西都是有名字的，因此常常会不厌其烦地问："这是什么？"对于自己感兴趣的事物，他会一遍又一遍不停地问，在明明已经得到无数次回答的情况下，仍然会乐此不疲。对于一些物品的用途，比如桌、椅、碗、勺等常见物品，他们能准确地根据其用途进行语言使用。比如抱起自己的水杯说："不给哥哥喝水。"对于自己的身体部位，他们也表现出了明显的兴趣，小肚脐、小鸡鸡等不常露出来的身体部位尤其受到他们的关注，膝盖、脚腕、手腕等平时不常接触的名词，他们也有兴趣了解。

满 2 周岁的宝宝已经有了 100 个左右的词汇量，能与人进行简单的语言交流，并会在大人的提醒下对别人说出表示问候、告别等意思的句子，对于别人的问话，会进行有礼貌的简单回答。人称代词的使用是宝宝语言学习过程中的又一个进步，"我"、"你"、"他"等词使用得越来越多。对于物主代词也有了一定的理解，"某某的"这种概念尤其受到他们的关注。对于"妈妈的"、"爸爸的"、"宝宝的"这些属于"自家人的"各种物品，有强烈的保护意识。

2～3 岁是宝宝的"语言爆发期"，这一时期的宝宝热衷于自言自语，并经常模仿别人说话。这一时期，宝宝对于语言的运用程度达到了较高的标准，逐渐地能够主动介绍自己或父母的姓名、性别，并能背诵几首古诗、唱一整首儿歌、简单地讲述故事。此外，他们对于"耳语"这种形式开始能够接受并使用，还能对于"如果怎么样那么会怎么样"这样的提问进行回答。到了 3 周岁时，宝宝已经能向某个不在场的人讲述一件发生过的事情了。

早教 Early Learning

在宝宝能接触到的所有词语中，让他最感兴趣的是他认为最容易引起别人情绪变化的词，尤其是让人不高兴的词，在他看来这种词语非常有力度。这都是正常现象，当父母发现宝宝出现这些问题时，没必要有过大的心理负担，平常心对待就好。

# 3～6岁是孩子
# 运用语言的敏感期

3～6岁是孩子在前三年语言学习的基础上，进行积累、巩固与提高的过程。在这个过程中，他们会学着正确运用全部能够掌握的词汇，并对它们进行搭配组合，用来表达自己的想法、描述自己的所见所闻。因此可以说，3～6岁是孩子运用语言的敏感期。

3～5岁是孩子通过阅读和倾听来学习语言运用的时期，这时大多数孩子都喜欢听故事、听儿歌，喜欢与人进行交流，但说话时尚不能完全懂得正确用词，对于词语的褒义贬义也不能完全正确理解。5～6岁是孩子对于在前期语言运用的过程中所取得的心得进行巩固提高的过程，这一时期他们对于大多数词语的词义以及使用方法都有了基本的了解。

## 敏感期趣事Example

### ● 怕黑的栋栋

3岁的小栋栋从卧室门口向外看了一眼客厅，表情怯怯地对妈妈说："妈妈，我要撒尿。"妈妈说："嗯，那就自己去吧。"栋栋懂事地答应了一声，小心翼翼地走出了卧室，但刚走出没几步，便转头跑了回来，一头扎进妈妈的怀里，嘴里喊着：

妈妈妈妈……

"妈妈，妈妈……我刚刚走出房门，就看到一个黑影向我迎面扑来，落到了我的头上，渐渐地挣扎了几下就不动了……"这番话把妈妈说得莫名其妙，她领着栋栋来到客厅，让栋栋把黑影指给自己看，原来，栋栋说的黑影是自己的影子。第二天，妈妈把这件事讲给外婆听，外婆笑着说："她说的是'吸血蝙蝠的故事'中的原话，这孩子每天都要缠着我讲吸血蝙蝠的故事，已经把内容全部背下来了。本来我担心她害怕不想讲给她听，可她又哭又闹的，一定要听。"

## 你问我哪个名字

星期天，妈妈给 4 岁半的晶晶穿上漂亮的衣服，带她到同事家去做客。同事很喜欢小晶晶，便故意问她："你叫什么名字呀？"没想到晶晶却反问道："你问我哪个名字？"妈妈的同事说："咦，你有很多名字吗？都有什么？你说给阿姨听，阿姨挑一个。"晶晶大方地说："好呀，我叫王晶莹，还叫晶晶，还叫丫头、闺女、宝宝、乖孙女……"刚说到一半，阿姨就说："哎哟，真不少啊。"晶晶立刻说："还有呢还有呢，我还叫小坏坏、小妮子……"阿姨听到小晶晶这一串串的"名字"，笑得腰都直不起来了。

> 你问我哪个名字？
>
> 你叫什么名字呀？

3 周岁以后的孩子开始了进行使用复杂句的阶段。在已经掌握了较多的词汇量及简单的句子结构之后，他们会继续在生活的语言环境中汲取养分，开始使用虚词以及词语的各种不同形态，学着对自己的母语进行正确的运用。下面我们来具体探讨一下处于语言运用敏感期的孩子在 4 ～ 6 岁的语言发展进程。

## ▶ 背诵运用期

大多数的父母都会发现，孩子从 3 周岁开始，对于"睡前故事"的要求越来越迫切，甚至于不仅在睡前，即使是在平时，只要稍有空闲，孩子都会拿过一本书，要求大人给自己讲故事。

到了 4 周岁左右，这种要求已经近乎"变本加厉"，甚至到了让父母无法招架的地步。家里的故事书在读过无数遍之后，孩子大多都已将故事背了下来，如果父母无意间读错了一个字，或者多读、漏读了一个字，孩子很快就会发现并予以纠正。

在这段时间，大人们会发现一个有意思的变化，那就是孩子热衷于把故事中的字句运用到生活中来。就像前面所提到的小栋栋一样，把故事中让她感觉到恐惧的句子用于生活中让她害怕的"黑影问题"上，让人忍俊不禁。

实际上，孩子是在语言运用敏感期内，在学着用自己所熟知的句子对待生活中的事，而故事中的句子在无数次进入他们的记忆中之后，便成为了他们最为"熟知"的语言。每当遇到与这些句子中的某个词稍有联系或类似的情况时，这些句子便会出现在他们的脑海之中，被他们的大脑经过简单加工后，便脱口而出了。

这个时期的孩子有着极强的尝试欲望，并有着强大的实施勇气，他们不会考虑对错，也不会考虑是否适合，只要他们认为可行，就会进行"加工使用"，而孩子语言运用能力的提高，也是在这种带有极大勇气的"实施过程"中，逐渐实现的。最后，孩子成功地从对已知句子的模仿与修改中解脱出来，走进了根据自己的主观意念进行语言运用的时期。

## ▶ 主观运用期

幼儿园小班的一位小朋友，在下课后大家都跑去喝水时，将饮水屋中的场景描述为"水泄不通"；在大风将门吹得"咣"的一声响后，发出"吓得我毛骨悚然"这样的惊呼，从而引起了园长的注意，破例将他调到了中班。园长的理由是，这个小朋友的语言发育已经进入了主观运用期，其运用能力已经高于其实际年龄了。

对于大多数的孩子来说，从 4 周岁左右开始，便很少在生活中大量使用故事中的句子了，用自己所掌握的词语进行句子组合成了他们这段时间最大的兴趣。这时，一些更有意思的"滥用词汇"的现象便在孩子的生活中显露出来。我们前面所提到的那个把"小坏坏"、"乖孙女"都当成自己名字的小晶晶就处于这一时期。

5 周岁之后，孩子身上发生的这些"可笑事"便开始逐渐呈下降趋势了。从最初的越来越多，到后来的越来越少，孩子的语言能力发育产生了又一个质的飞跃。他们已经开始逐渐掌握正确组合句子的方法，并能读简单的书、写简单的字，能用完整的语言表达自己的愿望，甚至能够说出自己对于周围一些事物的看法，语言能力趋于成熟。

到了 6 周岁，孩子已经能够基本掌握口头语言，并可以完整地讲述故事，完整地描述生活中的所见所闻。6 周岁左右的孩子已经有了相对成熟的观察力，能够相对完整地表达对一些事物的看法。比如在"5·12"大地震期间，幼儿园组织孩子为灾区的小朋友捐款。有一位大班的小朋友在与父母探讨捐款数目时，父母提出捐 10 元，而这个小朋友希望灾区小朋友用他捐的钱买一个书包，在知道了买一个书包至少需要 20 元钱之后，对于父母提出的捐"10 元钱"表示不满，希望父母能够同意自己为灾区的小朋友捐 20 元钱。他提出的理由合理、希望表达出的爱心也比较具体，得到了父母的支持与响应。经过认真"研究"之后，他将自己的 20 元压岁钱和爸爸妈妈给他的 80 元钱一起投入了捐款箱，他的愿望是："爸爸妈妈和我希望能为灾区的 5 名小朋友每人买一个书包。"在这件事情中，孩子对于"帮助效果"的重视完全高于对"捐款数字"的重视，如果 5 元钱能够买一个书包，10 元钱能够买两个书包，他是非常愿意接受"10 元钱"这个数字的。

除了观察力与意愿表达能力之外，6 周岁的孩子还产生了较前期更加强烈的学习欲望，其语言发育已经达到了与成年人正常沟通的标准，能够离开幼儿园，成为一名小学生了。

4 ~ 5 岁的孩子除了所掌握的词汇量不如成年人外，其语言与成人语言已经没有根本的区别，只是表达方式及语气上有明显不同。到了 6 岁，他所掌握的词汇量大大增加，对词语和句子的使用也更为熟练，孩子在语言敏感期内主要的语言获得过程便自然地结束了。

语言是人类思维的工具，人际交往能力、口头表达能力及阅读书写能力是现代人必须具备的基本素质。6 岁并不是绝对的语言敏感期的结束，大多数孩子的语言敏感期都会持续到 6 岁以上。但 0 ~ 6 周岁是孩子语言接受能力最强、应变能力也最为突出的阶段，其后的所有发展都以 0 ~ 6 岁的积累和巩固为基础，这个时间段的语言能力发展速度与成绩，会让孩子终身受益。

早教 Early Learning

孩子的语言发展速度有快有慢，能够自如运用语言的时间有早有晚。有的孩子在语言运用方面的成绩甚至较其他的孩子提早一年以上，这都是平时得到较多语言启发的结果，这些成功的经验，值得父母们借鉴。

# 了解孩子的
# 语言敏感期

**03**
message

　　语言是自然赋予人类的神奇功能，宝宝自从牙牙学语时就进入了语言学习阶段。在学习语言时，如果成人耐心而细心地引导宝宝度过每个语言发展的关键期，宝宝就必然会拥有良好的语言能力。

　　当婴幼儿开始注视成人说话的口型，发出咿呀学语的声音时，便已经进入了明显的语言敏感期。语言敏感期是呈螺旋状发展的，一般会持续到 12 岁左右，2 ~ 4 岁最明显，是孩子学习语言的高峰期。在孩子的成长过程中，成人了解孩子语言敏感期的表现并适时引导，可有效提高孩子的语言表达能力。

敏感期
趣事 Example

## 总爱鹦鹉学舌的洋洋

　　2 岁 4 个月的洋洋最近特别喜欢重复别人的话，不管爸爸、妈妈、爷爷、奶奶说什么，她都在一旁津津有味地重复一遍，就像一个同声复读机。一天，爸爸的同学来家里做客。听到敲门声，爸爸马上去开门，并说："欢迎、欢迎！好久不见！"爸爸和同学在门口寒暄，洋洋站在客厅中央，一直重复说："欢迎、欢迎！好久不

欢迎、欢迎！
好久不见！

见！"听着洋洋稚嫩的声音，爸爸和同学都笑了。

### ● 爱用新词的苗苗

4岁的苗苗非常喜欢用新学会的词语。晚上，妈妈给她讲《渔夫的故事》，其中有一句"你这个乡巴佬！"苗苗就将"乡巴佬"这个词记住了。第二天，保姆做好早餐叫苗苗起床吃饭，苗苗大声说："走开，你这个乡巴佬！"把保姆说哭了。苗苗还说爸爸是"乡巴爸"、妈妈是"乡巴妈"。苗苗为什么这么喜欢用新词呢？

### ● 喜欢诅咒的皓皓

皓皓是一个活泼、聪明的小男孩，十分乖巧听话，然而自3岁上幼儿园后，皓皓稍不如意，就会大哭大叫"打死你，我打你！"，有时还会挥舞着小拳头示威。过了些时候，皓皓说得就更狠了："我拿刀杀了你，我用脚踢你！"还有"我咬你，我抓你！"可以说，他能想到的狠的动词都用上了。皓皓为什么这么会说狠话，喜欢诅咒别人呢？

## ▌语言敏感期的表现

上述三个小朋友的行为是进入语言敏感期的表现。孩子进入语言敏感期后，常有下面这几种表现。

### 表现一 跟读机行为

0～2岁的宝宝在语言敏感期常会出现"跟读机行为"，他们会不断重复某一个词语或一句话，如儿子大声呼唤妈妈："妈妈——"妈妈回答："哎——"，然后儿子再次叫"妈妈——"，妈妈再次重复回答"哎——"。对成人而言，这种行为可能是毫无意义的，但宝宝却能从中得到兴趣，不断发展自己的语言。

鹦鹉学舌也是一种跟读机行为，宝宝不厌其烦地一遍遍重复成人的话语。例如妈妈带宝宝上街，在路上遇到熟人，彼此互相说话，"最近好不好？工作顺利吗？"而宝宝也在旁边不停地说"最近好不好？工作顺利吗？"

跟读机行为是宝宝在语言敏感期的最初表现形式，出现在1岁以后。宝宝最早的跟读行为是无意识的模仿，在模仿的过程中，当宝宝发现一个词语能和一个外物配对时，这种发现令宝宝惊喜不已。于是，宝宝就开始有意识地重复进行这种配对。

### 表现二 诅咒、责骂

2岁左右的宝宝，其自我意识会逐渐觉醒，他渐渐发现语言本身是有力量的，有时说出一句话会产生一种强有力的效果，或者像一把剑一样能刺伤别人，这个发现同样令他感到惊奇，于是，他就有可能没轻没重、快乐地使用这种有力量的语言，如"我恨你！""我打死你"等这种带有强烈感情色彩的诅咒、责骂的词语。当宝宝说出诅咒的话时，父母首先不要大惊小怪，而应该和平常一样，然后一起和宝宝探讨这种特别词语的意义，让他认识到说这种话是不恰当的。

### 表现三 喜欢模仿成人说话

2岁后的宝宝不再只是简单地重复模仿成人的对话，而是开始模仿成人说话之间的氛围或形式。例如当宝宝看到两个成人趴在一起说悄悄话时，他也趴在成人肩头说悄悄话，尽管他的嘴巴在动，但事实上可能什么也没有说。当宝宝看到大人接电话后，他们也非常喜欢接听电话，一听到电话铃响，就第一个飞奔到电话旁，拿起电话，像大人一样说："请问找谁？再见，拜拜。"中间一点也不停顿，可能电

话的另一方根本没有说话，电话就被挂掉了。这种对成人的模仿，说明宝宝语言的能力进一步发展，他已知道并不只有人才会说话，一些机器，如电话也可以说话。好奇心是开启孩子心智最好的钥匙，面对宝宝的模仿行为，成人不要强加制止，而应更好地呵护他们这种好奇心。

## 表现四 喜欢用新词

2岁以后，宝宝往往在学到一个新词后就不分场合地将自己学来的词用到自己的生活中。如乐乐在听妈妈讲故事时，学到了"敲诈"一词，到幼儿园后，她对老师说："老师，他敲诈了我。"老师问："他怎么敲诈你了？""我们本来换了玩具，可他硬要更多的。"2岁以后，宝宝掌握的词汇量大大增加，而且当他发现语言的魅力还在于同样的词可用在不同的地方，这给宝宝不一样的感觉。于是宝宝就开始像一个文学家一样刻意追求、努力寻找一些更美妙的词语，甚至开始纠正大人的语言。

## 表现五 结巴

这里的结巴并不是指那种病理性的结巴，而是指宝宝在学习语言的过程中，随着认知世界及表达能力的增加，宝宝会渴望用更准确的词语和句子表达自己的想法和对这个世界的认识，然而由于头脑中掌握的词语有限，语言与思维不同步，宝宝心里想说的话通过言语表达时，往往会出现重复、停顿、不连贯、吃力等情况，这就是人们常说的结巴现象。

3岁后，宝宝就常常出现这种结巴现象，家长不必担心，随着思维能力及语言能力的加强，宝宝的这种结巴现象会逐渐消失。

## ▶ 对孩子语言敏感期的引导方法

在语言敏感期，父母该怎样应对宝宝跟读、诅咒、模仿、使用新词语、因语言与思维不同步而引起结巴这几个特殊表现呢？

### 对宝宝跟读行为的引导

宝宝跟读行为最早可始于几个月大，宝宝开始这种行为的时候，也就是宝宝增加词汇量的重要时期。此时，家长应抓住这个敏感期，有技巧地传授宝宝说话的艺术。

当宝宝开始跟读行为时，家长可以为宝宝提供一个丰富的语言环境。家长要比较爱说，注意用语言来描述身边的事物及各种进行的动作或状态。一旦身边发生了变化或有动作时，家长都可用相关的语言来描述。可将日常生活中常用的词语，比如"请，谢谢，对不起"等挂在嘴边，也可经常说一些朗朗上口的儿歌式句子，宝宝在不知不觉间就能学会。家长要注意自己的言行，不可说粗鲁的话，也不可骂人。要知道，宝宝现在就是有样学样。

### 应对宝宝说诅咒、责骂话的方法

当宝宝毫无理由地说一些诅咒、责骂的话，如"打死你！""杀了你！"或"你去死"时，家长不必大惊失色，也不要大动肝火。宝宝此时可能并不知道"死"、"恨"等这种带有强烈感情色彩的词语的意义。当宝宝说这些话时，家长应该这样应对：第一，淡化处理。当宝宝再说这类话时，家长应不理会，让宝宝的情绪慢慢和缓，然后再告诉他，自己不喜欢他这样说，让他意识到自己说的话是错误的。第二，优化、改良宝宝的语言记忆库。在日常生活中多关心宝宝，让他每天都过得快乐，发生不愉快的事情后，要积极引导孩子走出这情绪，让孩子怀有感恩的心。第三，多对宝宝说一些好听的、和善的词语，如"你真好！""真可爱！"等。

### 应对宝宝模仿的引导方法

当宝宝总是和成人做一样的事情、说同样的话时，父母首先要懂得这是宝宝语言发展的必经之路，自己应该呵护他，而不是不分青红皂白地斥责。例如，当宝宝模仿成人说话时，成人要适当放慢自己的语速，让宝宝听清楚。当宝宝自己接电话时，要积极引导，让宝宝听到电话另一端的人在说什么，并做出应答。总之，成人要注意自己的行为及语言，为宝宝做出好榜样。

### 应对宝宝说新词的引导方法

当宝宝掌握一个新词语后会随时随地地使用。面对这种情况，成人该怎么应对呢？

当宝宝学到新词后，成人要积极为其讲解词的意义，不要让宝宝一知半解。当宝宝不断使用这个新词时，成人要有耐心，不管宝宝将新词放在哪种语境中，都让他明白放得对不对，如果不对，应放哪些词。此外，成人要注意自己的用词规范，给宝宝做一个好榜样。

### 应对宝宝结巴的方法

当宝宝在表述上发生困难，出现结巴现象时，家长应该这样做：家长不仅鼓励宝宝说话，更应耐心等待，让他将话说完，并且还要善于引导。家长引导时，首先要注意让宝宝理解生活中的一些简单概念，但要形象、直观，可通过观察、触摸、操作等方式引导。其次要引导宝宝说完整的句子。家长可通过指导宝宝看图说话或通过聊天的方式引导宝宝谈论自己的所见所闻，要求宝宝努力把话说清楚，这样长期坚持，就可训练宝宝独立、连贯讲述的能力。

**早教 Early Learning**

在语言敏感期，宝宝是通过模仿口语、练习口语来感觉语言的。因此家长或老师一定要注意自己的口头语言表达，一定要说文明的、规范的、准确的、富有美感的口语。

# 家是孩子学习语言最好的环境

04 message

父母是孩子的第一任老师，这毋庸置疑。宝宝对于语言的学习严格遵从着感受、倾听、模仿、运用、灵活运用这样一个过程，从感受到倾听、模仿在这个过程中，父母的语言能力与表现对孩子的影响最为深刻。

在孩子的语言敏感期内，良好的语言学习环境是他们成长的前提。父母是处于语言敏感期的孩子日常接触最多的人，尤其是处于感受、倾听和模仿期内的 0 ～ 3 岁孩子日常接触的主要成年人。可以说，父母的语言表现是孩子在语言敏感期内最重要的语言环境。

## 敏感期趣事 Example

### "你说说你"

3 岁的南南正兴高采烈地在房间里横冲直撞地玩儿，正好妈妈打开房门，手里端着一杯水，南南一头撞到妈妈身上，妈妈手里的水杯"啪"的一声掉在地上，水洒了一地，还溅了南南一身。幸亏水杯里是温水，如果是开水，南南就要被烫到了。妈妈很后怕，火气一下子冲了上来，"气急败坏"地冲着南南数落着："你说说你，怎么就不知道小心点儿，烫到你怎么办？"南南也吓坏了，他小心翼翼地贴着门边儿，从妈妈身旁溜出了房间，飞快地扑到爸爸怀里，然后转回身，红着一张小脸，眼泪扑簌簌地流了下来。他哆嗦着小嘴唇，一副可怜兮兮的样子，委屈地冲着妈妈说："你说说你，你说说你……"

## ● "小混蛋球子"

毅儿光着脚丫，在地板上来来回回地用力走，听着脚丫踩在地板上发出的"啪嗒啪嗒"的声音，越走越快，越走越兴奋，甚至舍不得停下来。可是他走着走着，忽然停住了脚步，站在原地不动了，身边的妈妈和外婆还没有觉察到异常，他竟然"哗——"地撒了一泡尿。这下外婆和妈妈才回过神来，妈妈大叫一声："哎呀，怎么不去厕所。"然后飞快地跑去拿拖布擦地板，一旁的外婆脱口而出说了一句："你这小混蛋球子。"闯了祸的小毅儿看着妈妈和外婆的反应，觉得可笑极了，便又飞快地撒起欢儿来，竟然在尿过的地方踩起了小脚印。赶来擦地板的妈妈气坏了，一把把他拉到一边。这下小毅不高兴了，他气呼呼地对妈妈说："你这小混蛋球子。"

你这小混蛋球子！

## ● "您好，请问哪位"

莹莹家里的电话响了，妈妈拿起电话，说道："您好，请问哪位？"听到那边的应答，妈妈转过头对莹莹说："宝贝，叫爸爸接电话。"莹莹学着妈妈的语气，大声喊道："爸爸，您好，请来接电话。"爸爸笑着从房间走出来，接过电话，也说了一句："您好，请问哪位？"莹莹对于"您好"、"请"这两个字很感兴趣，唠叨了一整天。晚上，家里的电话又响了，小莹莹快速地冲到电话前，拿起了听筒，煞有介事地说："您好，请问哪位？"打电话的是外婆，听到外孙女的声音，外婆高兴地称赞道："我的乖孙女真懂礼貌。"

俗话说："龙生龙，凤生凤，老鼠的儿子会打洞。"可见家庭环境对于孩子成长的重要性。家庭环境对于孩子的影响主要表现在思想与行为方面，而语言是表达思想的最主要工具，也是个人素质的直接体现。0～6岁的孩子在进行语言学习时，主要通过家庭成员的语言表现来感受语言的力量与魅力，并通过模仿开始进行正式的语言学习，他们最初的模仿对象，就是自己的家庭成员。

一个优秀的家庭环境中，每一个成年人都是孩子的榜样，成年人的语言方式对于孩子的影响很大。如果我们细心地观察，就会发现，生活在高素质家庭成员之中的孩子，即使是小小的年纪，说话也有着文明的气息。而一些生活在充斥着粗俗语言的环境中的孩子，出口成"脏"的现象屡见不鲜。

## ▶ 家庭语言习惯对孩子的影响

在幼儿园里，一个简单的交换玩具的场景，我们就会发现小朋友们不同的表达方式。

晶晶拿着自己的米老鼠对明明说："明明，我们换玩具玩儿可以吗？我想玩玩你的小熊，你玩我的小米奇吧，你看它，眼睛还会动呢，可好玩儿了。"明明看看晶晶手里的小米奇，又看看自己的小维尼，

我们换玩具玩可以吗？

好吧！

滚开，这是我的！

● 生活在谦和有礼、亲切和睦的家庭环境中的孩子，语言表达温和而有礼貌。

● 生活在专横、权威的语言环境或是处在"小皇帝"地位的孩子，语言表达较为鲁莽，甚至会说出具有"毁灭性"和"打击性"的语言。

想了想，便说："好吧，给你，我的小维尼也有本领，你打它的屁股，它还会哭呢。"晶晶高兴极了，和明明坐到一起，两个孩子一起玩儿了起来。

那边发生的事情就不一样了。平平正在玩儿小汽车，忽然看到强强手里的小青蛙，他扔下小汽车，冲过去把小青蛙抢到手里，说："我玩儿这个。"被抢的强强非常不满，他又将小青蛙抢了回来，还推了平平一下，大喊道："滚开！这是我的。"平平不高兴了，拉住小青蛙，也大喊道："我要玩儿，我要玩儿，你滚，你滚！"两个孩子撕扯到一起，同时发出了很大的哭声。老师赶过来将两个孩子拉开，分别进行了批评，并告诉他们要向晶晶和明明学习，有礼貌地表达自己的想法，两个人一起玩儿。

孩子在进行语言学习的过程中，会逐渐地发现，不同的表达方式能够得到完全不同的结果。但重要的是，我们要用自己的语言习惯去影响孩子，让他们感受到，在不同的表达方式下的不同结果中，哪一种是正确的，哪一种是错误的。

生活在谦和有礼、亲切和睦的家庭环境中的孩子，其语言表达更温和，也更有礼貌。在他们看来，有礼貌地对待别人、尊重别人的想法是正确的表达方式，也会得到别人的友好回应。而生活在专横、权威的语言环境中，或者平时家庭成员"自降身价"，使其生活在"小皇帝"地位中的孩子，其语言表达更为鲁莽、不顾及别人的感受，认为具有"毁灭性"和"打击性"的语言更能解决问题。这便是晶晶与明明，以及平平与强强用不同的语言方式去解决生活中的实际问题时，所遇到的不同结果。

我们前面所讲到的小莹莹，在父母接电话时的礼貌用语中感受到了乐趣，并"学以致用"，便是家庭语言环境对于孩子所起到的积极影响的体现。

## 特殊情况下的语言影响

### 口头语的影响

有些孩子在说话时，会带有一些口头语，如果我们对他的家庭成员有所了解，就肯定会发现，他的家庭成员中肯定有某一个或者某几个在说话时常带这些口头语。

口头语究竟好不好？这个问题我们应该区别对待。可以肯定的一点是，说话带口头语，对于语言学习期的孩子来说，并不是一个好的习惯。但有一点比习惯问题更重要，那就是"什么样的口头语"。让习惯说口头语的成年人突然把口头语全部去掉，是一项非常重大的"工程"，但如果家庭成员常说的口头语是一种不文明的语言，那么再大的"工程"，也有必要立即付诸实施。

上面故事中的小南南，向批评人时总爱说一句"你说说你"的妈妈学会了这句口头语，这句话尚且无伤大碍，但如果是一句严重的话，或者在"你说说你"之后的内容更具有"杀伤力"，那便"有大碍"了。我们都不希望自己的孩子在与别人交流时，总是把一些不该说的话以口头语的方式挂在嘴边，因此成年人对于这件事应该引起高度的重视。

### 说脏话的影响

孩子有着强烈的语言模仿欲望，对于耳边经常出现的语言记忆深刻，对于偶尔出现的不同声音更有着深厚的兴趣。有些家长本身具有很高的素质，孩子平时的语言表现一直与父母一致，谦和有礼。但就是由于某一次家庭成员不小心脱口而出一句不恰当的语言，或者孩子无意中听到了别人说到的一句不恰当的话，便对这些话产生了兴趣，时不时地就说出这些不恰当的话来，这让父母很是头疼。

从前面小节的叙述中，我们知道孩子在某个特殊阶段，会发现语言的破坏性力度，从而对于这些非正确的语言产生深厚的兴趣，这是一种正常的现象。重要的是，成年人不能对此产生过激反应，而应该在恰当的时候，用孩子所能接受的表达方式，适时地对这些语言进行评价，强调"正确"与"错误"。

我们前面所讲到的小毅儿，从惊讶的外婆口中听到了那句"小混蛋球子"，这个有批评意义的词显然让他觉得很有趣，于是转身便用在了妈妈的身上。在大多数的父母看来，孩子这么快就把不好的词应用出来，真是"不学好"，还有的父母会说："学别的没见你快，学这些一学就会！"这就是父母的不对了。孩子用了这句话，并非"不学好"，只是因为大人用了这句话，他以为是有趣的，并且是"可以用的"。针对这种情况，妈妈可以假意对外婆进行批评，指出这句话说得不对，外婆也可以配合着承认一下错误，强调一下这句话实在不应该讲。这种做法可以让孩子明白，这句话是错误的，是"不可以用的"。如果孩子再说这句话，就要对其采取"冷漠政策"，假意没有听到，不做出任何反应，这种做法可以让孩子明白，这句话很"没趣"，大家都不怎么感兴趣。既没趣又不正确的话，孩子是不喜欢拿着不放的。

榜样的力量是无穷的，任何一种风气的养成，都有赖于每个人的"从我做起"。孩子的语言发展关系到他一生的素质，这不是一件小事。为此，在对孩子的语言成长最具影响力的家庭中，每一个成年人都有必要"从我做起"，为孩子营造一个良好的、有积极意义的家庭语言环境。

**早教 Early Learning**

对于处于敏感期的孩子来说，家庭是他们进行语言学习的最重要环境，这一点对于处于语言学习敏感期的孩子来说，表现得尤为突出。到了语言运用敏感期，孩子们大多已经走进幼儿园，学习环境进一步扩大。即便如此，作为与孩子接触最多的环境之一，家庭语言环境仍然是他们学习语言运用的"大本营"。

# 请这样教孩子"学"说话

05
message

在孩子的语言敏感期进行科学的系统教育，根据自身能力为其设计一套与其语言发展关键期相适应的教育方法，对于发展孩子的语言能力是至关重要的。

儿童语言获得的能力受大脑语言功能或遗传机制的影响，这是一种先天的生物学基础。但语言环境的具备、语言能力的训练与认知能力的发展，却是促使其语言能力的获得与提高所必需的前提条件。这些条件具备与否，是导致孩子语言能力与智力发展出现差异性的主要原因。

敏感期
趣事Example

## 小燕子，穿花子

3岁的东东已经会背很多首儿歌了，爸爸妈妈总是让他给大家表演背儿歌，东东也很喜欢表现自己。可是今天，东东却把一首儿歌背"砸"了，这是怎么回事呢？原来，今天小姨来看东东，饶有兴致地让东东背一首儿歌给她听，东东是这样背的："小燕子、穿花子，年年春天来这子，我问燕子为啥子，燕子说，这里的春天最美子。"小姨听了哭笑不得，东东却很高兴，还"送"了小姨一首诗："床前明月光，疑是地上光，举头望明光，低头思故光。"然后，他看着小姨的表情，开心地大笑起来。

## ● 妈妈真羞，背错啦！

妈妈提出和 4 岁的莉莉比赛背古诗，莉莉不接受"挑战"，只想看电视。于是妈妈说："哎呀，有一首诗，莉莉肯定不会，听妈妈给你背一遍。"然后妈妈便说了起来："日照香炉生红烟……"莉莉听了，眼睛立刻瞪圆了，虽然目光还是在电视上，小耳朵却悄悄"竖"了起来。妈妈又继续："遥看瀑布挂后川……"这下莉莉不看电视了，气呼呼地走到妈妈面前。妈妈还在继续："飞流直下八千尺……"莉莉把耳朵捂了起来。妈妈大声说："疑是银河落三天！"莉莉实在忍无可忍了，她放下小手，大喊道："妈妈真羞，真羞，背错啦，背错啦！"妈妈忍住笑说："是吗？哪错啦？"莉莉一本正经地说："妈妈听好，我给你背一遍。"妈妈假装虚心地说："哦，好啊好啊，莉莉背一遍，妈妈认真学。"于是莉莉背起来："日照香炉生紫烟，遥看瀑布挂前川，飞流直下三千尺，疑是银河落九天！"妈妈做出一副恍然大悟的样子，然后说："哎呀，妈妈都背错了，原来是这样啊。"莉莉严肃地对妈妈说："妈妈，我再教你一遍，千万别再错了，不然会让别人笑话的。"

## ● 你是大灰狼！

今天妈妈出差没在家，爸爸负责给亮亮讲故事。在小兔子和大灰狼这个故事中，当小兔子和妈妈说"再见"时，亮亮表示爸爸学的小兔子声音一点也不像，太粗了。于是爸爸说："那好吧，咱们俩一起来表演，你学小兔子的声音，我学大灰狼。"亮亮很高兴，尖着嗓子说："妈妈，再见，早点儿回来。"当故事发展到大灰狼来到小兔子家门外，冒充兔妈妈的声音骗小兔子开门时，爸爸特意装出很粗很粗的声音说道："小兔子乖乖，把门开开，快点开开，妈妈要进来。"亮亮尖着嗓子喊："不开不开就不开，你不是我妈妈，你是大灰狼！"第二天下午妈妈出差回来，顺路把亮亮从幼儿园接回了家。当爸爸下班回家敲门时，亮亮问："是谁呀？"爸爸在门外学着故事里的声音说："小亮亮乖乖，把门开开，快点开开，爸爸要进来！"听到这个声音，亮亮飞快地冲到门边，把门锁拧紧，然后对着门缝大喊："不开不开就不开，你不是我爸爸，你是大灰狼！"

## 对孩子进行语言培养的基本原则

上面几个故事在每个有幼儿的家庭中都十分常见，人们之所以觉得小孩子可爱，多半也与小孩子特殊的语言表达方式有关。每当看到或想到孩子身上发生的这些有趣的事，我们总会露出会心的微笑。孩子的语言学习能力步步递进，但他的学习过程就像一棵小树，在成长的过程中总会长出一些枝丫。我们在对孩子进行语言培养时，也正像是在培育一棵小树，浇水、剪枝这些必须付出的努力，是使它能够长成参天大树的保障。在对孩子进行语言培训的过程中，应该严格遵守以下几个方面的原则。

### 营造最佳的语言环境

在对孩子进行语言培训时，家长必须使自己所传授的语言内容有相应的、生活中可见的情景。比如每当给孩子吃苹果时，便向他强调"苹果"这个词，时间渐渐久了，孩子就会在知道了什么是苹果的同时，还会知道苹果有绿色的、黄色的、红色的，可以吃，有的苹果味道甜甜的，有的味道酸酸的，有的吃在嘴里觉得脆脆的，有的就感觉面面的。

### 符合孩子的自愿

在对孩子进行语言培训的过程中，应该以孩子自身为主体，内容和方法要适合孩子的生理特点，不能强行按照成年人的理解能力去引导他。在这个过程中，应该注意语言与行为的引导，调动他的学习兴趣，让他自愿进行学习，千万不要在他不愿意的情况下，强迫他进行学习。

我们前面所提到的莉莉，在妈妈向她提出进行"背诗比赛"时，

就很不情愿，因为当时她的兴趣在电视节目上。莉莉的妈妈就想到了一个好方法，她没有强迫莉莉关掉电视机，而是故意背错了一首诗。处于语言学习期的孩子，尤其是 3 岁以后，正处于对语言进行背诵运用时期的孩子，是最热衷于挑错的，他们对于成年人所犯的语言上的错误绝对不能容忍，莉莉妈妈就是利用了孩子的这个特点，用这首背错的诗，将莉莉的注意力转移了过来，认真地给妈妈当起了"老师"。

有一点需要提醒家长注意的是，莉莉妈妈的方法使用得非常巧妙，却不适合过度使用。如果经常用这种错背古诗的方法来"诱导"孩子，孩子就会产生疲劳反应，渐渐地就对这种方法失去了兴趣。孩子在幼年时，心智成长速度很快，任何敏感期的进程都比较快，一步一个台阶，如果成年人总是用低于孩子心智水平的方法对他进行培训，孩子就会发挥出一些新的行为来，比如开始学着故意将正确的知识错背，从而产生恶作剧心理。

## 设计兴趣活动或游戏

针对孩子爱玩、爱表现的特点，在对其进行语言培训时，家长可以为他们量身设计一些平时比较少见的，能够引起其兴趣的活动，或者与他们一同进行游戏。

有的家庭每周都要进行一次全家人的聚会，可以在这样的场合让孩子表演一个小节目，讲一个故事，或者背几首诗，也可以像莉莉妈妈那样，偶尔和孩子一起玩儿挑错游戏。对于年龄相对较小的孩子或者婴儿，可以每天不定时进行一些认识物品或分角色对话的游戏。控制次数，可以让孩子保持兴趣，重要的是在于结果。

## 甘做绿叶配红花

家长应该经常与孩子进行沟通，鼓励孩子说话与叙述的兴趣，注意倾听孩子的话，让孩子作为"发言"的主体，自己甘做"配角"。在倾听的同时，注意始终表现出浓厚的兴趣与愉快的情绪。

### 听看做想不怕多

对于处于敏感期的孩子，应该鼓励他们多听、多看、多想、多做，让他们的感官功能得到尽可能多的刺激与较大程度的发挥。随着孩子得到的语言内容越来越多，他所能注意吸收的，可以描述出的话题与内容也会越来越多，并会逐渐掺杂进自己的思想与愿望，在这种情况下，其语言发展才能不断发展到新的水平，一步一个台阶。

## ▶ 对孩子进行语言培养的方法

对孩子进行敏感期语言培训，必须针对其生理、心理和语言发展的特点来进行。下面为大家介绍一些针对不同语言敏感期的孩子的语言培训方法。

### 基础感知期

胎儿在七八个月以后，便有了一定的"听力"，因此新生儿出生后，就能对妈妈的语言有相对较强的感受能力。因此，当孩子出生时，应该有自己固定的名字，所有人都要经常用标准的语言来称呼他。

虽然新生儿对于成年人所说的话并不能理解，但成年人的语言对于新生儿来说，仍是一种必不可少的生活"背景"。因此为孩子营造良好的语言环境时，不能忽视新生儿时期。

妈妈对孩子轻声呼唤名字、语调柔和地念儿歌、哼唱曲调舒缓的曲子、亲切发出单一音节的声音，都有助于孩子的语言理解能力及认知能力的发育。

对2个月的婴儿进行语言训练，家庭成员（尤其是母亲）应该经常面对孩子，对他发出单个的韵母发音，比如"a""e"等。在每次接触孩子时用亲切的语言对他进行"对话"，比如说"宝宝洗澡喽"、"宝宝真香呀"、"我的宝宝真乖"等，当孩子发出微笑或不同的声音时，要及时地对他进行触摸与称赞。

从这一时期开始，家庭成员最好保持语言的唯一性，不要用多种语言或方言与孩子交流，否则会影响孩子将来的音准。

3个月时，如果天气情况允许，应该经常带孩子到户外活动，在遇到熟悉的人时给孩子做介绍，当孩子做出愉快的反应时，要给予肯定和鼓励，在与对方谈及关于孩子的话题时，可以用宝宝的语气说"宝宝喜欢阿姨"、"宝宝见到阿姨真高兴啊"等。

对于4个月的孩子，应该经常与他面对面，并重复发出一些单音节，比如"a—a—a—a—"等，注意每天只说一个，多说几遍即可，不要每天说好几种。在这个阶段应该与他进行语言交流，并形成习惯。交流的内容可以随时发挥，比如向他"介绍"生活中所见的事物，指着杯子问"这是什么呀？"然后再回答"杯子"。还可以和他玩儿一些小游戏，比如配合动作给他说小儿歌，妈妈可以说："一二三，摸他的小鼻尖……"然后用手指点一下他的小鼻子。再继续说："四五六，摸摸小肉肉……"然后伸出手摸摸他的小脸蛋。再继续说："七八九，握握他的小手手……"然后拉着他的小手摸一摸。当他表示兴奋时，妈妈继续说："抱抱宝宝转圈圈……"然后抱着他，和着音乐的节拍，跳几步舞，慢慢地转几个圈。

抱抱宝宝转圈圈……

对5个月的孩子，可以经常与其面对面，用愉快的声音与语气，对他发出一些双音节，比如"ba—ba"、"ma—ma"等，注意表情与口型一定要夸张，以引起他的注意，速度不要过快，要给孩子模仿的机会。短小、易上口的儿歌，在此时越来越受到孩子的喜欢，如果配

合上一个结束时的固定动作，会让他们更感兴趣。

对6个月的孩子进行训练时，可以经常对其发出多音节的声音，比如"ba—ma—ba"、"la—ku—la"等。当孩子发出一些不清的发音时，要立刻配合他们发出同样的声音，并渐渐地向正确的发音引导。

这个时期，孩子对自己的名字已经有了比较具体的了解，可以在不同的方向呼唤他的名字，当他高兴地进行确认时，问他："你是我的宝宝吗？"当他再次做出高兴的反应时，再说："哎呀，真的是我的漂亮宝宝呀！"然后抱过他进行亲吻、抚摸和鼓励。

除了名词外，此时也可以教孩子懂得一些动词，比如找一张干净的纸，教宝宝把它撕开，边撕边对他说"撕"。或者拿一个小的充气小玩具棒，教宝宝敲打桌子，并说"打"。

### 牙牙学语期

对7个月的孩子做发音培训时，就要增加声调的运用了，可以经常与他面对面，教他发"爸—打—大""哈—怕—怕""妈—妈—爸"等多音节。仍然要注意语气柔和、口型夸张、速度缓慢。

在这一时期，拍手、点头、再见等动作可以每天进行2～3次的培训，每次时间不宜过长，方法是拉着孩子的手，在说出"拍拍手"（或"欢迎"）、"再见"、"点点头"等不同的词语时，拉着他的小手做不同的动作。

动词的理解也要继续进行，内容要相对前期更复杂。比如引导他对喂食的兴趣，可以在每次喂他吃饭时，先说："宝宝张嘴。"或者说："小老虎张大嘴。"

8个月的孩子，应该更多地引导他把语言与目标相结合的能力。比如经常让他与爸爸练习"爸爸"这个词，在妈妈抱他之前，一定要张开双臂对他说："来找妈妈抱抱。"

对于同一种物品，多准备几个有区别的重复品，比如不同的小袜

子，不同的小熊玩具等，用有区别的同一种东西，不停地教他同一个词语。让他理解某一类物品的概念。

动词理解的训练，这一时期可以练习指物，父母可以经常拉起他的小手，在说出不同的物品或人时，教他指向不同的物品或人。

9个月的孩子应该接受一些强化训练，比如重复进行动词训练。当他抱着小熊时，对他说"抱住、抱住"；当他背着小书包时，对他说"背包、背包"；在他抓住一块石子时，对他说"抓住、抓住"；当他推开房门时，对他说"推开、推开"等。需要注意的是，这些词应该根据孩子的动作临时选择，不要为了教他"推开"，而特意让他站在门口推门。

对10个月的孩子应该进行过滤训练，比如指着并排放在一起的小熊和皮球，问已经能准确地根据指令拿到某个单独放置的玩具的孩子："小熊在哪里？"引导他拿小熊，不拿皮球。

当孩子表现出想要某种物品时，父母用点头或摇头的方式表示同意或不同意，让他理解"可以"和"不可以"的含义，从而强化理解"想要"的含义。也可以在他想要或不想要某种东西时，把某种东西递给他，让他学会用点头或摇头表示"想要"或"不想要"的含义。这

种训练不宜次数过多，每天 2～3 次为宜。

由于对象声词的兴趣越来越浓，这一时期可以多和孩子玩儿些象声词游戏，引导他进行模仿。比如经常对他说"小羊小羊咩咩，小牛小牛哞哞，小狗小狗汪汪，小鸭小鸭嘎嘎……"等儿歌。

对于 11 个月的孩子，可以练习认图片了。妈妈可以拿出一个苹果，再拿出一张画有苹果的图片，对孩子强调"苹果"，再换成橘子、梨等其他实物和图片。等孩子能理解意图时，将所有的图片在孩子面前摊开，妈妈拿着一个苹果说："苹果在哪里？"引导孩子找出画有苹果的图片。如果找对了，要给予孩子喜欢的鼓励，比如拥抱、亲吻等。

这一时期也可以引导孩子看画册，对画册上所画的物品进行形象的介绍，能进行实物展示的，就进行实物展示，不能进行实物展示的，也要尽量向孩子表达。比如在看到小熊玩具时，可以拿出小熊玩具，但在看到火车时，就不可能带他去火车站看火车了，所以就要告诉他"火车"，并给他学火车的鸣笛声。

**口语发展期**

12～14 个月的孩子，要学习使用重叠音，并学习称呼他人。常说一些如"宝宝"、"抱抱"、"奶奶"、"爷爷"、"哥哥"、"拍拍"等叠词。还可以练习儿歌接字，也就是爸爸妈妈将简单的儿歌说出前面几句，留下一两个字由他说。

在动词方面，要为孩子提供更多认识动词的机会，形象地掌握"飞"、"听"、"看"等常用动词。

15～16 个月的孩子，应该练习理解简单的问句，比如问他"这是什么"或"那是什么"、"这是谁呀"或"那是谁呀"，并引导其做出简单而准确的回答。如果能做出完整回答是最好的。

对于孩子来说，在游戏中学习总是最有效果的。因此成人应该常与孩子玩躲猫猫、骑大马、找朋友等游戏，让他理解"躲、骑、找"

等动词，并能准确地说出处于游戏不同角色位置上的人是谁。

17～18个月的孩子要进行主语加谓语的短句训练，比如把图画书递给他，对他说："明明看。"或者把书拿在自己手里，对他说："妈妈看。"也可以把一块布递给他，指着桌上的一滴水说："宝宝擦。"或者自己拿着一块布去擦水，并说："妈妈擦。"

明明看书。

1岁半的孩子应该学习指令执行了。父母平时可以对他提出一个指令，让他亲自去做。比如对他说"把妈妈的书拿过来"、"把门关上"、"把小熊放回床上去"等。

19～20个月的孩子要进行主语加谓语加宾语的练习了。比如在把图画书递给他时，应该对他说结构完整的句子："明明看书。"把一块布递给他让他擦水时，对他说："明明擦水。"引导他亲自说出："宝宝推车""妈妈吃饭"等结构完整的短句。适当地让孩子听听广播、看看电视，也是学习语言的好途径，但要注意时间不能太久。

21～22个月的孩子，应该进行记忆力和语言流畅性的训练，比如学习背诵儿歌、说出自己所认识的小动物名字等。还可以经常向孩子询问当天的某件事，引导他搜索记忆并进行描述。

23～24个月的孩子应该经常做一些遵守指令、遵守行为规范的游戏，比如过十字路口游戏、在公共场所不能大声喧哗的游戏等。

我、你、他等人称代词，我的、你的、他的等物主代词的理解训练，有助于孩子完整地表达自己的想法。比如引导他说"我要吃糖"，而不是"吃糖"。引导他说"妈妈的衣服"，而不是指着衣服说"妈妈的"。

儿歌、故事、图片仍然是引导孩子发展语言的最好道具，2 周岁的孩子应该进行交际语言练习了。爸爸妈妈可以通过讲故事、背儿歌、问问题的方式对孩子进行交际训练，还可以和孩子一起玩儿交际小游戏。

正如我们前面所说，2 ～ 3 岁的孩子处于语言爆发期，他们的模仿能力、语言运用能力都有了大幅度的提升，下面的一些游戏比较适合父母与 2 ～ 3 岁的孩子一起进行。

◎ 说悄悄话

爸爸妈妈分别坐在不同的位置。先由爸爸趴在孩子耳边，对他说一句话，再由孩子以耳语的方式，把这句话传达给妈妈。注意最初玩这个游戏的时候，不要说太复杂的话。因为孩子对于耳语的方式还不熟悉，如果字数太多，一时难以听清、记牢，会影响传话的效果，导致孩子对于游戏的兴趣降低。第一次传话成功时，要给予热情的称赞和鼓励。

◎ 关联词练习

爸爸妈妈和孩子一起做一件事，比如在看电视时吃水果。根据当时的情况问孩子："我们在看什么呀？"孩子会回答："我们在看电视。"再问他："我们在吃什么呢？"他会说："我们在吃水果。"爸爸妈妈可以继续说："哦，原来我们在一边看电视一边吃水果呀！"引导宝宝也说出："我们在一边看电视一边吃水果。"

◎ 家庭成员介绍

引导宝宝介绍家庭成员的姓名、年龄、职业以及相互之间的关系。

◎ 见相识人

以家庭相册为道具，让孩子指出照片上熟悉的家里人，说出这些人的情况，再指出照片上出现的平时常见的熟人，说说这些人是谁，是做什么的，再问宝宝哪些人不认识，他希望认识哪些人，然后向他

们介绍这些人的简单情况。

◎ 自我介绍

　　以孩子的相册为道具，将他的照片按年龄的大小排列起来，由孩子指定一张照片，爸爸妈妈根据照片上的年龄（或月龄），给他讲一件当时发生在他身上的故事。当孩子有机会与其他人或小朋友相遇时，鼓励孩子拿出自己的相册，为别人讲自己曾经发生过的故事。

## 背诵运用期

　　3～4岁的孩子，正是大量进行背诵的时期，他们会将听过的一切都保存在脑海中，并在适当的时候加以运用。在这个阶段要多给孩子读书，当孩子"语出惊人"时，要及时地给予称赞，如果发生运用不当的情况，要给孩子讲明白词语或句子的正确用途。

　　这一时期的孩子处于主动背诵期，不必过于刻意地去强迫他背诵。在日常生活中，每晚的"睡前故事"必不可少，当孩子在室内玩耍时，爸爸或妈妈便可以拿一本书，为孩子读一个故事，或者几首儿歌、几首诗。可呈自言自语状，不必强迫孩子坐在身边倾听或"陪读"，反复读多遍。孩子在玩耍的过程中，对于自己感兴趣的内容仍旧不会放过，当他在无意中说出了爸爸妈妈"自言自语"时读的这些儿歌或古诗，以及故事中的某些字词与句子时，你就会惊觉他的记忆与运用能力了。

　　平时也可以与孩子玩儿一些问答游戏，比如儿歌或古诗的接句游戏，故事的填充游戏等，还可以让他自己拿着已多次读过的简单的彩图故事书，根据图片讲出其中的故事。这些游戏既可以锻炼他的记忆力，也可以锻炼他的语言表达能力。

## 主观运用期

　　五六岁的孩子，日常词汇掌握量已经相当丰富，对于语言的运用已经有很大的成绩了。这时对他进行的语言培训就不应该停留在语言表面，而应该更多的让他说出自己的想法与感受，强化训练他的语言表达能力。

在这一时期，应该经常就他自身的一些事征求他的意见，鼓励他说出自己的看法。比如在为他买衣服时，让他自己选择颜色。在送他礼物之前，让他说出自己的愿望，并说说产生这种愿望的原因。

早教 Early Learning

孩子的自我控制能力较差，这一点在3岁之前表现得尤其明显。他们对于某件事的兴趣来得快，去得也快，还不能随时按照要求集中注意力，学习时的随意性很大。在对孩子进行语言训练时，要根据他的注意力集中时间来进行，他的兴趣大时，就多教一会儿，兴趣小时，就渐渐停止，不能使用疲劳战术。

# 宝宝骂人
# 并不可怕

在搜索引擎上打出"宝宝骂人"四个字，在0.016秒的时间之内，能够搜出的相关网页有150万之多，可见宝宝骂人这种现象已经成了一个让人头疼的普遍话题。许多家长对于宝宝骂人的问题如临大敌，各大论坛上都不乏家长求助的帖子："宝宝骂人，怎么办啊？"

事实上，宝宝骂人这件事本身，并不值得大家这样恐慌。因为幼儿期的宝宝出现骂人的现象，首先不存在主观恶意的出发点；其次是能够很容易找到其骂人的根源，有源可止。而更重要的是，宝宝在语言敏感期内会对伤害力比较大的语言有特殊兴趣，这是天性使然，经常在有这种语言的环境生活，或者偶然听到别人说出这种语言的宝宝，他的这方面兴趣便会在某一时段被"启发"开来。

我们可以做到在自己家里杜绝不良语言的出现，但不能将宝宝罩在玻璃罩子里与外界绝缘，因为我们无法保证家庭以外的人全部都能警醒自身。所以，宝宝学会骂人这件事，我们根本无法彻底消灭其可能性。既然如此，在保证自我约束之外，我们应该对于这种可能出现或者已经出现的问题采取相应的对策。

当宝宝骂人的时候，肯定是出于三种原因。一种是发生了矛盾或冲突，借骂人来发泄不满情绪；另一种是父母平时不检点言行，或者在家庭与学校之外听到了他人的不正当语言；还有一种就是纯属觉得好玩儿。

所以，在日常生活中，我们应该做到几件事。

第一，经常教育并训练宝宝尊重他人，做有礼貌的孩子。经常给他讲述礼貌故事。经常高度表扬有礼貌的宝宝，对自己宝宝的礼貌行为大加赞赏，但要注意在表扬其他宝宝的同时不要用自己的宝宝做"坏典型"。

第二，以身作则，教宝宝学会谦让，当宝宝与他人发生矛盾时，帮理不帮人，并把理由用宝宝能明白的语言对他讲出来。

第三，教宝宝在遇到苦恼时及时向爸爸妈妈求助，不能乱发脾气。

第四，宝宝有时在某个场合听到成年人说骂人的话，会觉得好玩儿。当他从嘴里说出同一句话时，周围的大人又觉得他好玩儿，这就会对他的"骂人"造成鼓励效果。所以，作为父母，应该非常严肃地用他所能接受的语言告诉他"骂人是不对的"这个道理。

第五，教宝宝将心比心。当宝宝骂别的小朋友时，告诉他如果宝宝被人骂，妈妈会很心疼。当宝宝骂大人时，问他爱不爱妈妈，喜不喜欢别人骂妈妈。

第六，不要对宝宝骂人的行为不依不饶，在表明反对立场后，对于宝宝再次出现的"试探性"骂人现象不加理睬，让宝宝自己觉得索然无味。

第七，在保证家庭中没有"脏话源"之外，也要对周围环境中的人群加以重视。如果存在脏话成风的现象，或者存在某几个距离比较近的爱说脏话的人，应该想办法让孩子远离"脏话源"。古代有孟母三迁的故事，现代人搬一次家不容易，但我们可以效仿孟母的方法进行变通。比如在业余时间带孩子去气氛比较平静、人群不十分密集的公园、书店，或者带孩子去环境比较优雅的地方遛弯，坐在长椅上和孩子交流等。总之无论用什么样的办法，不要让孩子每天在爱说脏话的环境中听那些夹杂着不健康语言的家长里短，这对于杜绝孩子的"骂人"现象，是非常重要的。

# Part 04

# 秩序敏感期：
# 培养孩子良好的习惯

处于秩序敏感期的孩子需要一个有序的环境帮助他认识、熟悉周围的一切；一旦他所熟悉的环境消失后，他会无所适从、哭闹，甚至大发脾气。孩子一旦进入秩序敏感期就说明他有建立内在秩序、构建智力的心理需求。因此，当孩子对事物发生的顺序、物品摆放的相对位置、生活习惯等发生变化而出现过激行为后，父母要细心纠正，以满足孩子的心理需求。

# 悄然而至的 秩序敏感期

孩子的成长需要一个有秩序的环境，他们在某一时间段内，习惯于按一定的规则整理环境，将环境顺序化。这是孩子对于秩序的独特要求，他们利用自己意识之内的要求来监测所处的环境，并修正其中的错误，使环境完全符合他的内在要求。

秩序敏感期是指孩子对环境中物体的定向位置及活动次序十分敏感，一旦秩序发生改变，孩子就会感觉极度不安，从而出现强烈的情绪波动。秩序敏感期从孩子出生后三四个月便开始了，只不过由于他们无法进行语言表达，所以常被成人误解。

## 敏感期趣事 Example

### ● 不许你叫我的奶奶！

周末的时候，妈妈带着 3 岁的齐齐去奶奶家，在奶奶家楼下，恰好遇到齐齐的婶婶和她的小女儿阳阳。齐齐和阳阳一起跑上楼，到了奶奶家门口，两个孩子边敲门边大声喊："奶奶，开门！奶奶，开门！"可是，还没等奶奶来开门，两个孩子却在门外打起架来。齐齐对阳阳喊道："奶奶是齐齐的奶奶，不许姐姐叫！"

> 奶奶是齐齐的奶奶，不许姐姐叫！

> 不是不是，奶奶阳阳的奶奶，不妹妹叫！

● 阳阳和齐齐的表现正体现出了秩序敏感期内"物权敏感"的特征。

阳阳也对齐齐喊道："不是不是，奶奶是阳阳的奶奶，不许妹妹叫！"

## ● 为什么没我的？

中秋节那天，爷爷、奶奶、爸爸、妈妈和1岁半的小欣欣一起去饭店吃团圆饭。那天的饭菜十分丰盛，爷爷奶奶高兴极了。每当有一道菜上桌，爷爷都会兴高采烈地给大家每人夹上一口。当然，小欣欣也会得到一份，比如一小块拔丝香蕉，一小块鱼肉，一小片火腿，欣欣吃得津津有味，一点儿也不吵不闹。可是，当一盆水煮肉片被端上餐桌的时候，爷爷虽然仍旧兴高采烈地给每人夹上一口，却唯独没给小欣欣，这当然是因为麻辣口味不应该给1岁半的小孩子吃啦。可小欣欣并不懂啊，她眼睁睁地看着爷爷给每人夹了一口，却唯独没有给她，"哇"的一声大哭起来。

思思关，思思关。

● 通过关窗户游戏，思思体验到了秩序所带来的快感。

## ● 思思关小窗

思思发现，家里有一扇她在妈妈怀里一伸手就能摸得到的小窗子，这让她高兴极了。当妈妈抱着她从这扇窗子前经过时，她伸出小手，不停地向小窗子用力，妈妈只好停下来，看她又发现了什么秘密。思思用小手摸着那扇小窗子，边拍边对妈妈说："妈妈，打开，打开。"妈妈打开那扇小窗，对她说："这是一扇窗子，窗子。"思思学着妈妈的发音说："窗子。"妈妈亲了思思一下，刚要把窗子关上，思思着急地说："思思关，思思关。"思思关上了小窗，妈妈刚要抱着她离开，她却又说："妈妈开，妈妈开。"妈妈只好再把小窗打开，可思思又伸出小手，把窗子关上。就这样，思思和妈妈在窗前用了整个下午的时间来开窗、关窗。

## 秩序敏感期的典型表现

从上面这三位小朋友的身上，我们看到了处于秩序敏感期的孩子所具有的典型特征。秩序敏感期内的孩子具有极其"脆弱"的安全感，他们在一成不变的外部环境中，会感觉到安全。在这个精确且有秩序的"安全"环境中，孩子会将自己内在意识中的秩序要求与外部的环境进行配对，再发挥自己的感官功能，将其进行分类。在这个过程中，他的感知能力得到了迅速的提高，智力发育也因此而突飞猛进。但如果外部环境发生改变，他们就会感觉到"危险"，失去在固定环境中的安全感。所以当这种情况发生时，他们会出现比较激烈的反应。下面我们就来具体探讨一下，处于秩序敏感期的孩子都有哪些表现。

### "苛求"顺序一成不变

在处于秩序敏感期的孩子眼中，所有事情的顺序都应该是一成不变的。比如做米饭的时候，就应该先打开柜子，再用小碗从米袋中盛出几碗米，然后关上柜门，到水池前去淘米，淘好后将米放入锅中，加水，盖好锅盖，最后接通电源。如果某一天新买回一袋米，还没有来得及放进柜子，便在柜子外打开米袋取米，在我们看来这根本不值一提，但孩子就会不一样了，他们立刻就会出现强烈的反应，冲过来要求将米袋放入柜子，然后才可以取米做饭。更有甚者，即使我们把米放进柜子也无济于事，因为他们极有可能要求"刚才"就把米放进去，"刚才"的米就是从柜子中的米袋里取出来的。

上面我们所提到的欣欣小朋友，因为爷爷没按开始时"每人一口"的顺序给她夹一口水煮肉片，出现了比较强烈的情绪反应，这就属于"苛求"顺序一成不变的敏感期表现。

有的家长会发现，自己的孩子特别喜欢玩捉迷藏，即使是几个月大的宝宝，也会玩"捉猫猫"的游戏。比如妈妈把宝宝抱在怀里，爸爸在妈妈左肩后方对宝宝"喵"的一声，宝宝就会转到那一边去看爸爸，这时爸爸再转去右面发出"喵"的声音，宝宝又会转到右面去看爸爸。重复几次之后，如果爸爸在"喵"过后没有转去另一面，而是仍旧在这一面，孩子还会到另一面去看爸爸。因为他认为，爸爸"喵"过之后，就应该转到另一面。

2岁的孩子玩捉迷藏，也很注重顺序，当他藏起来之后，如果大人假意找不到他，用不了一会儿，他就会发出各种声音吸引你去找到他。如果你仍旧假意找不到，他就会主动冲出来和你"理论"："你为什么找不到我呀？我明明就在这呢！"成年人和孩子玩捉迷藏的游戏，总以为他们喜欢不被找到，但事实上，他们认为"藏"的结果就是"被找到"，如果不被找到，才是不正常的。所以，即使他们在一个位置上被找到了，下次还会藏在那个位置上。

## 要求所有事物保持原样

处于秩序敏感期的孩子对于自己平时经常见到的所有事物，都要求保持原样，不能发生改变。比如一直挂在衣架上的雨衣，如果在下雨天被大人穿走，"离开"了衣架，就会引发他们的强烈不满。如果她的小娃娃每天都放在她的小床上，但妈妈今天给她收拾小床时，把小娃娃放在了大床上，没及时放回去，她也会提出"抗议"。

## 具有明显的"物权敏感"特征

处于秩序敏感期的宝宝不会用别人的水杯喝水，不会穿别人的拖鞋，不会睡别人的小床。甚至不允许爸爸盖妈妈的被子，不允许妈妈吃自己咬过的苹果。这是因为在他们看来，"谁的就是谁的"。他们不喜欢用"别人的东西"，也不允许别人用不是自己的东西。吃饭时，他们只能接受每个人都坐在自己一直所坐的座位上，因为他们认为餐桌旁的椅子都是有"主人"的，吃饭时要自己坐自己的座位。这种"物权敏感"的状态是秩序敏感期内的一个重要特征。

此外，认为妈妈是自己一个人的妈妈，奶奶是自己一个人的奶奶，不允许别人叫和自己同样的称呼，也是处于秩序敏感期的孩子常有的表现。前面我们所提到的不许对方叫"奶奶"的齐齐和阳阳，就是属于有这种表现的孩子。

## 正确引导孩子度过秩序敏感期

很多人把孩子的秩序敏感期表现错误地看成"任性"，有些人为了改正孩子这种任性的"毛病"，还要自以为是地对孩子加以"矫正"。但在这个"矫正"的过程中，你是否知道孩子的内心经历着怎样的煎熬，你的这种"矫正"又会给孩子带来多久的伤害吗？是的，一辈子。所以，为了孩子的身心健康成长，作为成年人，我们有义务了解他们的内心，读懂他们敏感期的需求，给他们正确的引导。同时，利用秩序敏感期的独特优势，为孩子开发潜能。

对于处于秩序敏感期的孩子，我们应该帮助他们建立秩序感，而不是为了让他改变"任性"，刻意地去自以为是地破坏他们的秩序感。在秩序敏感期得到正确的启发与锻炼的孩子，会较其他秩序敏感期遭到破坏的孩子具有更强的自理能力、更强的规则意识，同时养成更多良好的习惯。

### 建立秩序感

孩子以体验秩序为快乐，捉迷藏的游戏之所以会让处于秩序敏感期的孩子乐此不疲，就在于孩子们希望通过这种不断重复的方式来体验秩序所带来的快感，并在不断重复的游戏中，体会游戏与环境的关系。

我们前面所提到的关小窗的思思，她所选择的游戏是"关小窗"，不停地让妈妈将小窗打开，再由她将小窗关上。在这个不断重复的过程中，她体验到了"开—关—开—关"之中的规律性，明白了窗子是

能打开，也能关上的，而且只有在打开后才能关上，关好后才能打开。在这个体会秩序感的过程中，她感觉到无比的快乐，并有很强的成就感。

孩子体会秩序感的游戏有很多，比如一遍又一遍地垒积木，不停地爬楼梯、开关灯，还有故意把东西藏起来，再假装突然发现了它，等等。这些举动在我们成年人看来，既没有意义又浪费时间，但对孩子来说却是乐趣无穷。作为成年人的我们，应该在孩子爱上这些"无聊"游戏的时候，及时地把握住孩子的秩序敏感期，尽量抽出时间来陪他一起做一些游戏，陪他一起在具有"安全感"的环境中，用重复的方法来感知秩序的存在，并认识周遭的环境。

## 养成良好的自理能力

妈妈每天为孩子穿衣服，先穿内衣，再穿外衣，最后穿鞋子，这个顺序在孩子心中已经根深蒂固。如果某一天先给他穿了鞋子，再给他穿外衣，他就会非常不满，而且将鞋子甩掉，穿好外衣后也要很长时间不穿鞋子，直到"消了气"之后才会同意把鞋子穿在脚上。

妈妈每天给孩子做好可口的饭菜，然后盛到一个漂亮的小碗里，再用一把漂亮的小勺子，盛一小勺饭，放在嘴边吹吹，喂到像小鸟儿一样张着小嘴的孩子嘴里。这个顺序对于孩子来说，也是非常安全的。但如果某一天换一个碗给他盛饭菜，或者换一把小勺子，又或者在把饭喂到他嘴边之前忘了吹吹，都会让孩子"很不高兴"。他要么闭着嘴拒绝吃饭，要么吃到嘴里再把饭一点一点喷出来，或者干脆直接吐出来。

这些情况常发生在处于秩序敏感期的孩子身上，父母不应该对孩子的行为过于责怪，只需要情绪平静地将一切恢复常态即可。

但随着敏感期的进一步发展，孩子对于秩序的关注便不仅仅局限于"要求他人"了，他们会主动尝试着按照秩序做力所能及的事情，此时，父母应该尽量不要过于"规范"他们的行为。

不行，还是妈妈来喂你吧。

当孩子自己用稚嫩的小手练着系扣子、系鞋带的时候，妈妈却赶快冲过来拉开她的手，对她说："你还不行，来，妈妈给你弄。"每天都用同样的小勺子小碗，用同样的方法吃饭的孩子，在对这个顺序认可之后，逐渐地会产生自己吃饭的念头，尽管他们拿勺子的方法还不是很标准，甚至不能准确地将勺子中的饭送到嘴里，吃得满身都是饭粒，但他们仍旧特别努力地练习。但在这个时候，妈妈却会惊呼着冲过来，唠唠叨叨地责怪孩子吃得太脏，并且用最快的速度将孩子整理得干干净净，然后拿起孩子的小碗和小勺子，一口一口地喂他吃饭。

这些情况在生活中比比皆是，用这种方法培养出的孩子在自理能力上都会有所欠缺，有的很久学不会自己穿衣裤鞋袜，有的没有人喂就不吃饭，自理能力较其他在秩序敏感期内被家长许可"放手一搏"的孩子，要差很多。

所以，父母们在孩子尝试着做一些他能够明白顺序及规律的事情时，在保证安全的情况下，要尽量放开手，让他自己试一试。不要过多干涉他，也不要责怪或否定他，要知道，伟大的科学家爱因斯坦小的时候，也做过两只不成形的板凳呢！

### 培养严格的规则意识

孩子的秩序感既来源于眼睛的观察，也来源于成年人的灌输。如果成年人常在他耳边说画过的纸要立刻扔掉，那么他们永远也不会明白用过的纸可以收集起来，背面还可以再用一次。因此，家长应该注意自己的言行对孩子思想的影响力。

如果我们常对孩子说："吃过饭要将椅子搬回原位。"或者对他们

说："吃饭不要剩饭粒。"那么他们一定会养成吃过饭将椅子搬回原位、吃饭时将碗内的米粒全部吃光的习惯。这是由于，在我们向孩子灌输这种思想的过程中，这些思想进入他们的思维之中，成了他们的内在意识。这种内在意识一旦形成，孩子在用它监测环境的时候，就会严格遵守它，不会主动去破坏它，更不允许别人去破坏它。

坚持不同的规则，会让人养成不同的生活习惯。秩序敏感期在孩子6岁时才会慢慢消退，6年的时间，足够孩子养成各种不同的、好的生活习惯。而拥有好习惯的孩子，必将是一个优秀的孩子。

早教 Early Learning

教育学家曾经提出过这样的观点：对于孩子来说，7天就能养成一个好习惯。也就是说，如果孩子能连续7天一直坚持一个好行为，7天后，这种行为就会转化为孩子的一种新的生活习惯。

# 孩子执拗敏感期
## 的秘密

02 message

孩子的秩序敏感期从出生后的 3～4 个月，一直持续到 6 岁，会经历三个阶段。第一个阶段是为秩序的破坏而哭闹，恢复秩序后会恢复安静；第二个阶段是在秩序被破坏时勇敢地提出抗议；第三个阶段是在秩序被破坏时，执拗地要求将一切推翻重来。

当孩子的秩序敏感期发展到 2 岁左右时，便开始出现明显的执拗表现，到 3～4 岁，这种执拗的表现愈加明显。事实上，这是孩子的秩序敏感期内，自我意识飞速发展，同时伴随出现了执拗敏感期。随着执拗敏感期向 3～4 岁时的爆发期发展，孩子的执拗行为已经不仅仅局限于针对秩序的被破坏，而是渐渐发展到想要"为所欲为"地按照自己的意愿做事了。

敏感期趣事 Example

● 妈妈，颠颠

每天下午妈妈下班后，都会去外婆家接畅畅回家。在回来的路上，畅畅最喜欢趴在妈妈背上，让妈妈边走边"颠颠"，这似乎成了一个"亲子游戏"，从不间断。但是今天不一样，畅畅生病了，外婆给畅畅吃了退烧药，妈妈去接畅畅时，畅畅正迷迷糊糊地想睡觉。为了让畅畅回到自己家里再睡，妈妈赶快把畅畅抱回了家。可是，畅畅在路上便在妈妈怀里睡着了。一觉睡到夜深，醒来时，妈妈已经睡着了。小畅畅坐起身来，在黑暗中左看看右看看，嘴里不停地喊着："妈妈，妈

妈。"妈妈惊醒了，赶忙拉开灯。畅畅扑到妈妈怀里说："妈妈，颠颠。"妈妈哄着她说："乖畅畅，今天不颠颠，畅畅生病了，在路上睡着了。咱们明天再颠颠。"这下畅畅不干了，指着窗外哭了起来："妈妈，颠颠，颠颠。"妈妈没办法，对她说："那妈妈背背颠颠吧。"可畅畅还是指着窗外哭着："从外婆家走，颠颠。"妈妈劝她说："天已经黑了，不能出去了，我们在家里颠颠。"畅畅大哭道："让天白，让天白！从外婆家走，颠颠！"

让天白，让天白！从外婆家走，颠颠！

## ● 刚才先洗头发！

晚上要睡觉了，妈妈要在雪儿上床前给她洗个澡。准备好洗澡水，妈妈用一块大浴巾把雪儿包起来，抱进了浴盆。雪儿抓着毛巾，把小脸捂住，乖乖地等着妈妈给她洗头发，就像外婆每天给她洗澡时一样。可妈妈却没理会雪儿的动作，

我不，我不！我要刚才先洗头发！

● 随着孩子自我意识的飞速发展，伴随出现了执拗敏感期。

只是一边说着："妈妈给洗白白。"一边给雪儿洗起了小身子。这下雪儿不高兴了，她松开捂着脸的毛巾，捂住自己的上身，大叫起来："先洗头发，先洗头发。"妈妈见雪儿"抗议"，赶忙说："雪儿身上还有浴液呢，先冲掉再洗头发吧？"雪儿大喊着说："就不就不。就先洗头发！"妈妈拗不过她，只好先给她洗头发。可谁想到刚把她的头发沾湿，雪儿又大声哭叫起来："我不我不，我不要现在洗头发，我要刚才先洗头发！"

## ● 我要吃香肠！

2岁的贝贝和妈妈一起去姨妈家做客。中午吃饭的时候，贝贝对

桌上的一盘香肠非常感兴趣，用小手抓着吃了一块儿又一块儿。妈妈不想让他吃太多，便把香肠端走了。贝贝看到妈妈把香肠拿走，很不高兴，不停地用小手指着厨房说："吃肠，吃肠。"妈妈说："没有了。"贝贝说："有。"妈妈又说："真的没有了。"贝贝还是说："有。"姨妈看贝贝这么喜欢吃，便又给他拿了一些，但吃过后，贝贝还是指着厨房说："吃肠，吃肠。"妈妈说："不能再吃了，这次没有了。"贝贝仍然说："有。"姨妈这次干脆把盛香肠的盘子重新拿了回来，贝贝把香肠全部吃掉了，可还是指着厨房说："吃肠，吃肠。"妈妈严肃地对他说："贝贝，你已经把香肠全部吃掉了，没有了。你不是看到盘子里已经空了吗？"可贝贝根本不理会妈妈说的话，只是不停地说："有。"

## 🟢 妈妈，我要洗脸

晓晓最近开始不爱洗脸了，不论妈妈怎么劝，他都不同意让妈妈给他洗脸，每次妈妈都要强迫他，或者在他的屁股上强行拍上几巴掌，他才会屈服。妈妈的一位同事看到她为这件事发愁，便建议她进行冷处理。第二天是周末，早上起来，晓晓"严阵以待"，准备再和妈妈就洗脸的事情进行"对抗"。果然，妈妈问他："晓晓，我们洗脸好吗？"晓晓固执地说："不洗。"妈妈紧接着便说："不洗就不洗吧。那赶快去吃饭。"晓晓发现今天"洗脸事件"解决得这么简单，反倒有些不

自在了。他问："妈妈，真的可以不洗了吗？"妈妈说："你不喜欢就不洗呗，快去吃饭吧，一会儿我们去动物园照相去。"听了这话，晓晓小心地问："妈妈，我不洗脸，细菌会不会进到我的肚子里去？"妈妈说："嗯，有可能，不过你不喜欢洗就算了。"晓晓想了想，自己走进了卫生间，用小手巾使劲儿地擦了几下嘴，去吃饭了。吃过饭该换衣服了，晓晓穿上妈妈准备好的小海军衫，走到镜子前一看，哎呀，这么干净的小海军衫，穿在一个脸像大花猫一样的孩子身上，真丑啊，这可怎么照相啊！他赶快捂住脸，大声地对妈妈喊道："妈妈，快给我洗洗脸吧！"

## ▶ 执拗敏感期的明显表现

执拗敏感期的形成，源于孩子自我意识的发展与其对秩序的固执和执著。上面提到的几个小朋友，都有着固执己见的"一根筋"表现，这是处于执拗敏感期孩子的主要特征。下面让我们来具体看一下执拗敏感期的几种主要表现。

### 与成年人"对决"

小贝贝想吃香肠，一门心思地认定香肠是"取之不尽"的，不论是妈妈将盘子端走，还是姨妈将盘子重新端回来，让他亲自将最后一片香肠"消灭"，即使是面对着空荡荡的盘子，他对于妈妈那句"香肠没有了"的劝说只回答一个字："有。"

实际上，处于执拗敏感期的贝贝在亲眼看到妈妈将没有吃完的香肠拿走后，根本不可能相信香肠已经"没有了"。在他的坚持下，妈妈又为他拿来一些香肠，吃完后，他继续坚持，姨妈又将刚刚被妈妈拿走的香肠拿了回来。在这个一直坚持，使对方一直妥协的过程中，他感受到了"坚持"的力量，于是执拗地认为，只要他坚持，还是会不停地有香肠出现在他面前。所以他便和妈妈一直"作对"，并相信这一个回合的"对决"还是以自己的胜利告终。他的这种执拗心理在 2 ～ 4

岁的孩子中表现最为突出。

常听父母们说："我的孩子才三岁呀，性格就这么犟，认定的事八头牛也拉不回来，越不让他做的事情他越去做。"其实，这是孩子进入执拗敏感期的表现。孩子在自我意识萌芽和发展的过程中，随着生活范围越来越大，探索能力越来越强，他们惊奇地发现自己能够"主宰"的事物越来越多，这让他们无比惊喜。为了不断发现自己的强大，他们喜欢对自己以往认为强大的事物进行挑战，也就是说，他们进入了心理反抗期。

父母是他们心目中最强大的人，不断地打败父母，会使他们有巨大的成就感和自豪感。因此，在执拗敏感期内，他们最明显的表现就是不与父母合作，甚至故意与父母作对。

## 当秩序感被破坏时"奋起反抗"

每个孩子对于内在意识中的秩序感都具有保护心理，当这种秩序感遭到破坏时，他们会产生强烈的恐慌。在这种恐慌的驱使下，孩子会出现哭闹、反抗等一系列执拗行为。哭着要天变白，要妈妈重新去从外婆家回来的路上"颠颠"的小畅畅，还有让妈妈"刚才"先洗头发的小雪儿，她们的行为都是秩序感被破坏后的"奋起反抗"。在她们看来，所有的事情都要有固定的发展顺序，不能出现任何不同，甚至于错过之后的重新更正都是不能容忍的，固执地要求时间"还原"，让一切顺理成章地来过。这种要求实在是要"难倒英雄汉"的，因为我们成年人无论如何也没有将时间还原的能力，所以面对孩子的"奋起反抗"，我们常常无可奈何。

## 为达"目的"誓不罢休

随着孩子的自我意识继续增强，以及成年人处理方式的不正确，执拗敏感期的又一个明显表现接踵而来。那就是——不达目的誓不罢休。我们偶尔可以看到在商场里大哭大闹或满地打滚儿的孩子，他们

为了要买一件玩具或者一袋零食，在被大人拒绝后，想要采用这种公开反抗的方法达到目的。于是，他们身边的大人们便有了各种各样不同的反应，有的妥协，有的破口大骂，或者扬手一个巴掌打过去，还有的转身就走，不予理睬。

孩子出现这种执拗的行为，虽然与其处于执拗敏感期，对挑战成年人有兴趣有关系，但更多地却是家长的不正确教育导致的。这种为了达到个人目的而死缠烂打的行为，最早的时候是他们执拗敏感期内的一次尝试性的挑战，家长如果妥协第一次，就会有第二次，在家里妥协一次，就会在外面被要挟一次。当孩子发现这种方法简直是"制胜法宝"时，当然就会乐此不疲了。

孩子具有在此事上用一种方法尝到甜头，便在彼事上如法炮制的"本领"，这事实上也是他们心智发展的一种表现。

## ▶ 父母携手带孩子走出执拗敏感期

在执拗敏感期内，孩子不与父母合作，甚至故意与父母作对，很少有父母能平心静气地对待孩子的执拗敏感期表现。但是，在这段时间，恰是孩子的个性养成的重要时期，如果孩子得不到足够的理解，并且受到极端的对待，对他的性格发展极为不利。

孩子的思维呈直线式，在他们的内心秩序形成之后，绝对不会允许别人进行破坏。当孩子以各种不同的方式对父母的破坏行为进行反抗时，虽然表现得"大无畏"，但实际上他们的心里满含恐惧与痛苦，经常处于这种心理状态之下，孩子的心理健康会受到很大的影响。孩子的无理取闹常会让家长心烦意乱，很多家长都会忍无可忍，甚至失去理智。但打骂等暴力行为，的确不是处理执拗敏感期行为的理智举措，反而会给孩子留下心理阴影，造成孩子的叛逆。关注孩子执拗敏感期的心理健康，需要父母携手共同努力，共同研究掌握孩子心理的方法与应对技巧。

**避重就轻，转移重点**

像晓晓那样不爱洗脸的小孩子不在少数，很多家庭里都发生过同样版本的闹剧，很多爸爸妈妈一方面头疼得不得了，一方面又不得不对孩子实施"唯一有效"的"武力镇压"。可是，正处于执拗敏感期的孩子，本身便对父母的权威有着非常积极的挑战意识，父母的态度越蛮横，他们对父母的做法就越反感，"斗争"意识便越浓。因此，迎面直击不是一个明智的办法。最好的办法，就是避重就轻。

就像晓晓的妈妈那样，不洗就不洗吧，不想洗就不洗。这反倒让孩子觉得奇怪了，今天的"战斗"怎么结束得这么快呀？于是他的好奇心便占了上风，忍不住问妈妈："真的可以不洗吗？"在得到肯定的回答后，又问："会不会把细菌吃到肚子里？"在妈妈对此表现得并不关心时，他自己反而关心起细菌问题，虽然还是不怎么喜欢洗脸，但却忍不住用毛巾把脏嘴巴擦了擦。

肯动脑筋的爸爸妈妈总是会想出无穷的好办法。晓晓的妈妈就在同事的"冷处理"建议上举一反三，想出了一个更巧妙的办法——避重就轻。她假意催促孩子吃饭，告诉他吃过饭后，换上最干净的小海军衫去公园照相。孩子总是喜欢出去玩儿的，穿上干净的衣服，还要去照相，自己脏得像一只"花猫"一样，多影响形象啊！当孩子的注意力转移到了"外出"上，他迫不及待地穿上干净的小海军衫去照镜子，却终于"痛定思痛"，得出了不洗脸"太丑"的结论，主动要求洗脸了。在这一轮"斗争"中，妈妈不战而胜！孩子洗过脸后，妈妈再配合高度的赞扬，下一次再洗脸的时候，孩子肯定就会主动多了。

应对不同的孩子有不同的方法，家长还是要根据自己孩子的特点，找出他的"软肋"。比如让不喜欢洗手的孩子用漂亮的小勺吃他最喜欢吃的排骨，由于小勺吃排骨不方便，他一定会想到用手拿着吃，可是他自己对脏兮兮的小手没有信心，所以会主动要求洗手。

找出"对付"孩子的方法其实并不难，重要的在于父母是否能始

终保持理智，并积极地去琢磨应对措施。

## 适当满足，换位思考

对于执拗敏感期的孩子的行为，父母应该给予充分的理解，并经常设身处地地考虑一下孩子的处境，在原则之内给予充分的满足。

对于易因秩序遭到破坏而产生对抗情绪的孩子，父母应该充分重视他的这方面特点，尽量避免发生不能被他接受的事。如果出于不可抗拒的原因发生了破坏秩序的事情，又无法按孩子的要求进行弥补，那么只需对孩子进行耐心的安抚，对孩子说明自己"知道"他心里的痛苦，并在"下次"让孩子看到秩序的"恢复"。

对于因担心秩序遭到破坏而不合作的孩子，父母应该充分了解他们的担心，并做出让他们"放心"的举动。比如有的孩子因为担心手里的玩具被拿走后便不会再属于他，因此拒绝放下玩具穿衣服。这时可以对他提出，用左手拿玩具的时候，穿右面的袖子，然后再把玩具放在右手中，穿左面的袖子。

对于故意与父母作对的孩子，父母也可以"故意"让他们那些无伤大碍的小把戏得逞一下，就像晓晓的妈妈那样，晓晓在得到了一直以来所坚持的自由之后，反倒会感觉到自己的坚持"底气不足"。

## 平心静气，拒绝暴力

执拗敏感期的孩子总是故意与父母对着干，越是父母不愿意让他做的事情他越去做。这无疑给父母的耐心下了"战书"。"大敌当前"，一些父母常常难以克制情绪，出现严重的过激反应。

用过激的行为来对待孩子的执拗敏感期表现，是一种很不明智的做法。虽然这种行为能使孩子在"强权"的压力下放弃执拗，并变得合作起来，但在行为"乖顺"的背后，是孩子受伤的心。更有甚者，父母的过激行为容易被孩子模仿与发挥。这是由于父母的过激行为将孩子成功"镇压"后，孩子会将气愤压在心底，并寻找合适的机会向他人或更弱小的群体"发威"。比如被父母打过的孩子在幼儿园里会突然打别的小朋友或比他小的孩子，有的孩子会虐待小动物，有些孩子在独自玩耍的时候会"殴打"、"毁坏"玩具等。

因此，父母的过激行为是孩子形成暴力性格与暴力思维的根源，必须及时加以调整。

妈妈，爸爸要打我！

● 教育孩子时，父母双方习惯于一个表现得很严厉，另一个表现得很慈善，给孩子以安慰。而这样往往易使孩子产生"仗势欺人"的心理。

## "台前"合作，"幕后"交锋

在孩子的教育问题上，父母之间最容易产生分歧。有些父母中的一方出现了过激反应，而另一方又在第一时间对于这种反应表示了不满。在这种情况下，孩子的一个执拗敏感期的反应所导致的后果，就是家庭矛盾的产生与升级，甚至有可能造成家庭的支离破碎，给双方及孩子都造成巨大的打击。

此外，在一些父母看来，在孩子的教育问题上，双方也应该一个唱"红脸"，一个唱"白脸"，当孩子受到一方的训斥或打骂时，另一方应该趁机加以适当的安抚，以免让孩子感觉自己"孤立"。但在孩子的教育问题上，绝对不是唱一出戏这么简单，父母双方在孩子面前如果不能步调一致，就会让孩子产生"随风倒"的思想，当父母一方较难"对付"时，就去向另一方寻求依靠，然后再"仗势欺人"，在有了"坚强的后盾"之后，与强势的一方继续"对抗"，他的故意不合作意识和无理取闹的想法有增无减。在这个过程中，孩子会养成爱钻空子的性格，对其心理健康不利。因此，父母双方应该统一思想，在孩子面前绝对不能"对着干"，无论孩子是否处于执拗敏感期，都应该保证这一点。

当父母中的一方对孩子进行教育时，无论其方法是否正确，另一方都不应该在孩子面前进行反驳，如果有不同意见，可以暂时沉默保

留。如果产生严重的分歧，也不应该在孩子面前进行理论或争吵。一切不同意见都留待夫妻两人独处时，进行有针对性的沟通。让孩子面前的父母始终表现得意见统一、步调一致，这就会让孩子在"察言观色"的过程中，找不出父母的"破绽"，放弃"寻找靠山"的想法，正视自己的错误。如果父母中的一方在对孩子进行教育时出现错误方式，另一方也不要将事态扩大化。当事情过去之后，背着孩子，单独将这件事情提出来，提醒对方注意。而认识到错误的一方，也要及时向孩子真诚地道歉。

"台前"的合作与"幕后"的交锋相结合，在孩子面前保持步调一致、意见统一，在单独相处时再提出自己的不同意见，共同探讨更加合理的教育方式，这是一种明智的选择。它能够保持家庭教育的一贯性，也能保持家庭的和睦，让孩子在更理智的家庭教育气氛中成长。

父母为孩子所做的任何努力，都会在孩子的身上留下深刻的烙印。人们都说："三岁看小，七岁看老。"3岁左右正是孩子的性格基本定型的时期，而孩子执拗敏感期与自我意识敏感期的爆发，恰好处于这个阶段。因此，孩子能否顺利走出执拗敏感期，关系着他的性格发展，也关系着他的人生观与价值观的确立，在这个问题上，父母应该加以足够的重视。

早教 Early Learning

0~6岁的孩子是以自我为中心的，他们的一切想法与目的都以自己的喜好为准绳。对于发育正常的孩子来说，在7岁以后，就会逐渐发现自我中心以外的环境，做好走出自我的准备了。

# 审美敏感期，
# 不准破坏心中的完整

message 03

0～6岁宝宝的敏感期总是比肩接踵，不会浪费一点时间。有一些会同时出现，也有一些会一个接着一个相继到来。伴随着秩序敏感期的进程，孩子的执拗敏感期刚刚接近尾声，审美敏感期又接踵而来。

圆圆的红苹果、有头有尾有鳞片的一条鱼、一套同颜色的衣服等，在孩子的心目中都是理所当然的事。当孩子的执拗期过后，父母们会发现孩子对于"完整"的要求越来越严格，任何被破坏的"完整"，都会让他们感觉到恐慌。

## 敏感期趣事 Example

### ● 半个苹果

然然拿着一个大红苹果，对妈妈说："然然要吃苹果。"妈妈把苹果皮削好，用水果刀切成两半，拿一半给然然吃。然然看到半个没有皮的苹果，风风火火地冲到桌前，看到果盘中的苹果皮和另一半苹果，哇哇地大哭起来。开始的时候，她试图将两半苹果对接到一起，可是无论她怎么用力，苹果也不能变成完整的一个。她又想要把苹果皮围在苹果表面，但仍旧失败了。最后，她"绝望"地把半个苹果扔在桌上，拿起一条苹果皮，跑到妈妈面前，着急地说："妈妈，把苹果皮长好，把苹果皮长好。"妈妈抱起然然说："乖乖，苹果要削掉皮才能吃，万一皮上有细菌，会吃到肚子里去的。"然然哭得更厉害了，又冲到桌前，试图把苹果复原，再次失败后，又来向妈妈哭求。妈妈建

议换一个苹果，但然然不同意。最后，妈妈不得不用几根牙签，分散着扎在两半苹果的正中，把两半苹果"对接"起来。可是红红的果皮却无论如何不可能再次出现在苹果上了。然然哭得上气不接下气，妈妈急中生智，拿出一卷透明胶带，将那条长长的苹果皮围在"对接"好的苹果表面，用透明胶带裹了起来。这个"可怜兮兮"的大红苹果，终于"长"在了一起，然然虽然仍旧不满，但哭声却渐渐止住了。

## 🟢 赔我鱼

周六，爷爷买回一条活鱼，放在了有水的盆里，要等到周日再炖着吃。胖胖围着盆子转来转去，看到游来游去的鱼，无比雀跃，一直嚷嚷着要爷爷快给自己炖鱼吃。周日中午，爷爷终于要炖鱼了，这条鱼太大，爷爷将它切成了几段，放进了油锅。吃饭的时候，胖胖满心期待着爷爷端出一条在盘子里"游泳"的鱼，谁知当爷爷说着"红烧鱼来喽"把鱼端上桌时，胖胖看到的却是几段"黑乎乎"的肉块。"鱼呢？"胖胖纳闷地问。爷爷说："这不就是吗？"胖胖说："爷爷骗人，这不是鱼，鱼是有尾巴的，还有脑瓜。"爷爷用筷子点着被分开的鱼头和鱼尾说："这不是鱼头和鱼尾嘛！"胖胖看清其中的两块"黑乎乎"的肉真的是鱼的头部和尾巴时，急得一下坐到了地上。

乖乖，苹果要削掉皮才能吃！

赔我鱼，赔我鱼！

我的裤子变了！

● 以上三个孩子都处于审美敏感期，他们对"完整"的需求越来越严格，不容破坏任何完整的东西。

他大叫道："赔我鱼，赔我鱼，这不是我的鱼，我的鱼长得不是这样的，它的脑瓜和尾巴是和身子长在一起的，爷爷赔我鱼！"

## 不是这条裤子

六一儿童节，幼儿园为孩子们每人发了一套"园服"——一条白色的短裤、一件橘黄色的小 T 恤。这身清凉的儿童装很适合朝气蓬勃的孩子们，穿在身上很漂亮。小乐乐非常喜欢自己的"园服"，总是不肯换别的衣服。这一天早上起床，乐乐拿起妈妈放在他枕边的"园服"，却发现白色的短裤变样子了，比幼儿园发的那条长，还多了两个小口袋。他大喊："妈妈，我的裤子变了，我的裤子变了。"妈妈笑着说："妈妈给你拿的另外一条裤子，那条小短裤上有个油点，妈妈发现没洗干净，咱们今天穿这条干净的去幼儿园吧。"乐乐却不同意："不行不行，它和我的衣服不是一家的。"

## 审美敏感期的表现

在秩序敏感期之内，孩子的心中有着衡量外界事物是否符合"要求"的内在秩序。审美敏感期的孩子对于任何事物都要求完整，务求尽善尽美。这也与他们内在秩序中对于事物最初的完整形象有了固定概念有关系。上述的这三个孩子，便是处于秩序敏感期的孩子正进入审美敏感期，对于破坏完整的事物产生了敏感。

### 要求将被分开的物品复原

细心的家长会发现，孩子的执拗行为刚刚有所缓解，对于事物的要求却越来越高，吃苹果时一定要吃完整的，穿衣服时一定要穿固定的搭配。要求父母将被分开的物品"复原"，是常常发生的事。

小然然就是这样，当一个大红苹果被削掉了皮，又被切成了两半，她无论如何也不能接受这个结果，大哭大闹地要求妈妈一定要苹果还变成圆的，让苹果皮重新"长好"。小胖胖也一样，本来看到的是

一条游来游去的有头有尾的鱼，但被做成菜后，端上桌的却是被切成几段的"黑乎乎的肉"，这对于处于秩序敏感期中并进入完美敏感期的孩子来说，是无论如何也不能够接受的事。

当孩子提出"复原"的要求时，在成年人看来无异于"无理取闹"，本来已经被切开的东西，怎么可能再复原呢？这是我们成年人的思维方式，但孩子并不这样想。在他们看来，原本应该是一个整体的东西，是不应该被分开的，被分开的东西也不再是他所希望的东西。所以他提出让物品恢复原样，重新换一个也不行，重新换一个又是一个新的东西，原来的这个还是被破坏了，所以他会坚持要求将被破坏的一个复原，他不允许有任何不完整的东西存在。

## 要求将被拆开的搭配复原

平时常常搭配穿的衣裤不能变换搭配，平时经常在穿某件衣服时戴的小帽子、背的小书包，都不能再与其他的衣服搭配。自己常坐的小椅子上一直放着一个红色的小垫子，换成蓝色的小垫子坚决不行。

在孩子们看来，不同的物品在他面前的最初搭配，就是固定的搭配标准，是最漂亮的。这种标准成为他的内在秩序后，他就会用这种秩序来衡量其后有关于这些搭配中各组成部分的使用情况，比如最早时两件红色物品搭配在一起，如果再用其中的一件红色物品与另外的一件白色物品搭配在一起，即使我们成年人看起来是一种更加明智的搭配方法，看起来更加清新，但在孩子看来却是"丑到极致"的、绝对错误的一件事。

不同意用另外一条白短裤代替"园服"中的白短裤与"园服"中的橘黄色Ｔ恤搭配的小乐乐，就属于这一种表现。在他的意识中，"园服"中的那一件橘黄色的Ｔ恤与那一件白色小短裤，是唯一正确的搭配方式，它们是一个整体，任何一个部分被替换，都是在破坏整体的完整性。

**要求按照固定的规则做事**

除了上述两种表现外，处于审美敏感期的孩子，在后期会将对审美的要求升华到"按照固定的规则做事"的高度，在这个过程中，他不仅仅会严格要求自己，还会对身边的其他人进行严格的"监督"。

知道了"红灯停、绿灯行"的交通规则的孩子，在过马路遇到红灯时，即使路上一个人也没有、一辆车也没有，他仍然不会顺从成年人有可能出现的"侥幸"心理，一定会比交通警察还要尽职尽责，绝对不同意父母带自己在红灯期间过马路。如果不小心带他过了一半马路，他也会强烈要求退回来，即使退回来也不满意，要"刚才"就退回来，他甚至还会对父母进行严厉的批评："谁让你过的？"

习惯了每次吃饭时都必须等到长辈全部坐到桌前才能开始吃饭的孩子，如果哪天某个人不小心提前吃了一口，他一定会不依不饶。"外婆还没来呢！不许吃！"他会严厉地进行提醒。即使这个先吃了一口的人停住并放下了筷子，他的批评也还没完："爸爸妈妈、外婆姥爷不坐好不许吃饭，谁让你吃的？"更有甚者，有的孩子会要求先吃了一口的人把吃到嘴里的东西"吐出来"，被孩子追究到这种地步，先吃了一口的人该有多尴尬！可是孩子没有错，谁让你不遵守规矩呢？

## ▶ 如何应对宝宝的审美敏感期表现

应对孩子的审美敏感期表现其实并不难。如果我们仔细地思考一下，孩子的这些"无理取闹"行为其实并非完全不符合常理，即使是一些与我们的思维方式有出入的行为，也可以在尊重孩子的基础上，用合理的方式去应对。

**提前征求孩子的意见，告诉他们有必要破坏"完整"的原因**

对于经常被要求将被分开的物品或拆开的搭配复原的家长来说，避免这一问题的最好办法，就是提前征求孩子的意见，并告诉他们有必要破坏"完整"的原因。

将削掉的果皮"长好"，让被切成几段的鱼变成完整的一条，这对于我们成年人来说无异于天方夜谭。但如果不能做到，不仅会使因为完整被破坏而感觉到恐慌的孩子伤心，还会使自己被孩子"逼"得无可奈何。很多家长在这种时候都会对孩子采取呵斥的方式，甚至会打骂。通过前面对秩序敏感期的了解，我们知道这种方式是万万行不通的。

那么，如何避免发生这种情况呢？很简单。当我们"破坏"某件与孩子有关的物品或搭配之前，要向他征求意见。比如食物。当我们把一个苹果递给孩子之前，应该告诉他有必要削皮并切开的原因，并问他是否同意。当我们想将他的某套衣服中的一件与其他服装搭配之前，也要告诉他为什么要改变搭配，先和他商量好以后再进行。当然，在向孩子征求意见时，要注意技巧。

就像我们前面所提到的小然然，当她提出想要吃一个苹果时，妈妈在把苹果洗干净后，可以征求然然的意见："然然，妈妈把果皮削掉好吗？不然果皮上洗不掉的小坏蛋会被吃进肚子里去的。还有，这么大的一个苹果，然然一次吃不完的，妈妈帮你切开，留一半过一会儿再吃好不好？"如果孩子同意了妈妈的意见，妈妈也要再次强调一遍："那妈妈把果皮削掉了哦，然然想切开吃对不对？"

小胖胖家发生的事也可以避免。长辈在将那条鱼切开之前，可以根据孩子的心理，与他先聊几句："胖胖，这条鱼简直太大了，如果就这样放进锅里，要炖好长好长时间才行，咱们调的好滋味都不能进到肉里，做熟了也不好吃。咱们把它切开好不好？切开以后又能快快熟，又能有好味道。"如果孩子不同意，也可以改变一下做法，比如改为在鱼的身上划上几刀。

小乐乐的园服不能搭配穿了，妈妈也应该先和他商量："我们的小乐乐又干净又帅气，有污点的小白短裤穿在身上一点儿也不好看，妈妈今天给换另外一条短裤好不好？这条短裤还有两个小口袋，正好能把昨天老师让做的小卡片放在里面。"不同的孩子有不同的心理，但是"被尊重"在他们看来是尤其重要的，在得到尊重的情况下，其实孩子还是比较"通情达理"的。

## 与孩子一起遵守正确的规则

要求按照正确的固定规则做事的孩子大多没有错误，只是我们成年人想要用侥幸的心理来违反规则，比如我们应该遵守各种规则、发扬传统美德等等。当孩子因此而对成年人发出"指责"时，我们应该自我反省，并肯定孩子的批评，诚恳地承认错误，同时与孩子一起遵守规则。成年人应该给孩子起到表率的作用，而不是让孩子用自己充满童真的眼睛来做我们的指路灯，这一点，无需赘言。

**早教 Early Learning**

当孩子的秩序敏感期上升到对美的追求之后，就证明他已经能够敏锐地感知到环境与周围氛围的变化了。孩子的感知能力与心智水平在这个过程中得到了一次升华。

# 追求完美，
# 审美敏感期的延伸

审美敏感期后期，孩子已经形成了通过审视的眼光对所有美与丑、完整与残缺进行对比的习惯，并本着坚持完美的原则衡量事物的对错。这时，孩子"追求完美"的天性得到了足够的释放空间。

孩子的"审美"眼光从开始时对完整食物、固定搭配以及遵守规则的"苛求"，逐渐得到了一定程度的延伸，开始追求自身的及交往对象的外表美、高标准要求自身和交往对象的个人能力，以及"苛求"所处环境必须完美无瑕。

## 敏感期趣事 Example

### 敏敏的红嘴唇

趁妈妈在厨房里做饭，敏敏在卧室里偷偷地学着妈妈的样子化起妆来。当妈妈走出厨房叫敏敏吃饭时，敏敏从卧室走出来，只见她的头发上乱七八糟地缠了两三个小发卷，眉毛变成了又浓又黑的"外八字"，嘴唇涂了红红的、厚厚的唇膏，唇膏一直涂到了脸上。敏敏的衣服成了画布，红的黑的抹得什么颜色都有。这把妈妈吓了一跳，妈妈走进卧室，只见梳妆台上的化妆品被东倒西歪地扔得左一个右一个，唇膏扔在妈妈的床上。这番"场面"让妈妈无比震惊，但敏敏却沉浸在喜悦之中，她雀跃地冲到妈妈怀里，扬起小脸，天真地说："妈妈，你看敏敏和妈妈一样漂亮啦！"

### ● 我要和她绝交

爸爸去幼儿园接丹丹回家，丹丹见到爸爸的第一句话就是："爸爸，我要和佳佳绝交！"爸爸笑着问她："我的乖女儿，这是出了什么严重的问题呀？"小丹丹着急地对爸爸说："爸爸，你知道吗？佳佳连自己的扣子都不会系，阿姨要教她，她还哭呢，真不知羞，丹丹才不要和笨孩子做朋友呢！"

### ● 我不睡脏的床

茜茜在聚精会神地画各种颜色的线条，水彩笔的颜色不仅被画在了纸上，还被她画了满手。当她不经意地摸摸这里、摸摸那里的时候，她的小床单也被无意间抓了几下，于是茜茜手上的水彩颜色便也"分给"了她的床单一些。直到晚上睡觉时，她才注意到自己床单上的颜色，这让她很不安，于是强烈要求在妈妈的床上睡觉。妈妈问她为什么不自己睡，她说："我的小床是脏的，茜茜不睡脏的床。"

## ▶追求完美敏感期的表现

上述的三个小朋友，他们的言行有着对自身及交往对象以及外部环境"苛求"完美的特征，这是处于审美敏感期的孩子进入追求完美敏感期之后的明显表现。

### 要求自己及交往对象的形象完美

女孩子在三四岁时开始对妈妈的化妆品或服装、鞋帽感兴趣，这是追求完美敏感期的表现之一。她们认为妈妈借助于化妆品和服装、鞋帽的力量，使自己看上去比平时更漂亮，因此总是产生用妈妈的这些物品来使自己也变得漂亮一些的想法。就像敏敏一样，很多的小姑娘都会有这样的行为，这是爱美的天性使然。

但是，进入追求完美敏感期的孩子，在懂得注意形象美的同时，并不仅仅关注自身的形象，他们对于交往对象的形象要求也比较高。

如果我们细心观察就会发现，处于这一时期的孩子，对于那些外形干净整洁或比较时尚的成年人更感兴趣，即使是对于自己的同龄人，他们也绝对不喜欢与那些邋遢的、他们认为不漂亮的小朋友相处。

## 要求自己及交往对象"无所不能"

对于个人能力的要求，是孩子追求完美的另一种表现形式。我们常常会发现，处于追求完美敏感期的孩子，更希望自己具有"超人"的能力，他们更容易获得成就感，也更容易出现挫败感。一根画错的线条足以摧毁他们对自己的信心，一句话也足以让他们树立信心。

不仅如此，他们对于自己交往对象的能力也有着较高的要求。他们会因为亲眼见到某位成年人解决了一个小问题而对其产生崇拜，也会在别人面前将自己的爸爸描绘成无所不能的"超人"。在与同龄人的相处中，他们还会对能力不如自己的同伴产生排斥感，比如那个想要和不会系扣子的佳佳"绝交"的小丹丹，便是属于这一类型。

## 要求所处环境及相关事物完美无缺

从对自身的要求，到对其他人的要求，再到对外在环境的要求，孩子追求完美的面积进一步扩大，心智水平的发展有了开拓性进展。

要求所处环境及相关事物完美无缺，是追求完美敏感期的孩子们所具有的一个明显特征。地上有水的厕所坚决不进，有一个碎纸屑的椅子坚决不坐，卫生没有做好的屋子坚决不停留，跟着妈妈去市场，如果发现哪个摊位上落着一只苍蝇，便坚决不同意买他家的菜……孩子的这些要求总是给成年人出难题，但如果事情不能按他们所希望的那样去发展，就会引起他们内心强烈的痛苦。就像拒绝在自己的小床上睡觉的小茜茜一样，即使是自己亲手弄脏了床单，也是她所不能容忍的事情。

## ▶ 应对追求完美敏感期的方法

追求完美是孩子的天性，他们在追求的过程中，懂得了美与丑、完整与残缺、骄傲与自卑，开始用至善至美的标准来审视自己及周遭的一切。这是他们成长的必然经历。处于追求完美敏感期的孩子，对于与自己相关的一切事物都有着近乎苛刻的要求，父母们应该有足够的耐心去应对他们的"苛刻"。

## 不要干涉孩子对形象的追求

处于追求完美敏感期的孩子开始对自己的外表产生注意力。在这一时期，女孩子对妈妈的化妆品和衣物产生兴趣，男孩子对爸爸的皮带、帽子、剃须刀产生兴趣，都是比较正常的现象。这些物品能在很大程度上让他们追求完美的心理得到满足，所以当孩子自以为是地对这些东西进行使用时，在保证安全的情况下，家长不要干涉他们的自由，给孩子一个完美的追求过程，有助于敏感期的顺利过渡，这是对他们的成长极为有利的事情。如果在这一时期一味地对他们进行批评和制止，会很容易使孩子认为自己很不完美，从而产生自卑心理，变得消极与悲观，失去自信心。

## 给孩子及时的安慰

当孩子因为某些"不完美"的事产生恐慌时，成年人要及时地对其进行安慰，即使这种安慰对于弥补不完美的事物没有任何帮助，但却能让孩子的恐慌心理大大减轻。比如孩子们在草地上玩儿的时候，一个孩子为自己被弄脏的袜子觉得很伤心，这时，身边的成年人就应该对他进行必要的安慰，让他知道自己的伤心被人知道，这样他心里的痛苦会减轻很多。还可以让他看看其他正在玩耍中的小朋友，并不是每个小朋友的袜子都是干净的，告诉他，在草地上玩儿，难免会弄脏袜子，回家洗一洗，袜子便又会像以前一样干净了。这会让他觉得有希望，情绪也会有所改观。

## 为孩子增加自信心

对于自身能力的怀疑最容易让孩子产生自卑感，而处于追求完美

敏感期的孩子又偏偏很容易因为一个极小的挫折而怀疑自己的个人能力。这一时期孩子的自信心就像玻璃一样脆弱、易碎，需要我们成年人进行小心的呵护。

一个孩子在画画时，不小心把画纸撕破了一小块，这让他很是懊恼，认为自己连一张画纸都保护不了。即使帮他把画纸粘好，他也会对纸上的那道"伤口"耿耿于怀，甚至失去画画的兴趣，认为自己"不会画"。在这种时候，身边的成年人就有必要及时地对他的自信心进行补救。补救的方法有两种：一种是转移主题；一种是引导孩子调整心中的"完美标准"。

◎ 转移主题

转移主题，就是提出一个新的话题，把孩子的注意力从使他感受到挫折的事情上转移到新的话题上去，并在新的话题中对他给予肯定。

比如，对这个把画纸撕破一块的孩子，我们可以走到他的身边，先对他进行一下安慰，让他明白他的心情能够被别人理解。然后，我们拿起那幅画，假意对画面本身的某个细节产生兴趣，并对他进行肯定。"呀！我发现宝宝画的这条小鱼特别漂亮，尤其是它的尾巴，你看，看上去就好像一条真的鱼在甩着尾巴游啊游啊。对，就是这条最大的，这条最大的画得最漂亮，我想它一定是红色的，对不对？"这样的话题，多半会让这个沮丧的孩子提起兴趣来，回答我们说："不，我想把它画成黑色的，我家里就有一条黑色的金鱼，特别威风。"这时，我们再配合一句："黑色的啊，那确实特别威风，就像一位大将军。快画快画，把颜色涂好，一会儿咱们把它贴在墙上，让黑金鱼将军在墙上游泳。"也许孩子会提出："可是这张画纸坏了。"我们只需轻描淡写地说："不要紧，我们从背面把它粘好，然后在正面画些小水泡，肯定会让这条黑将军更神气的。"只要我们了解他们的个性，找到让他们更感兴趣的话题，孩子的注意力就很容易转移。

◎ 引导孩子调整心中的"完美标准"

对于过分苛求完美的孩子来说，当他们遇到一些小挫折时，我们可以通过设立参照物的方法，引导他调整自己的内在完美标准。

仍旧以把画纸撕破的孩子为例。当他为自己的失误沮丧时，我们可以引导他亲口说出原因，并对他说："撕破一小块不要紧，我们可以在背面把它粘好，然后在前面画上一串水泡，就像是从金鱼嘴里吐出来的一样，根本看不出来痕迹。我小的时候，也有一次不小心把一张漂亮的金鱼画撕开了一个口子，比你这个大多了，足足有半张纸那么大，结果呢，妈妈和我一起把它从背面粘好，又在画中加了一些水草，被撕破的那个地方，我画了最大的一棵，画好后，根本看不出来曾经被撕破过，后来妈妈还把我的金鱼图贴在墙上了呢。"这些话对于孩子来说无疑是最有吸引力的，因为它既包含了一个解决的办法，也包含了一个情况比他更严重却得到了弥补的例子，这会让他知道这件事情没有伤心的必要，因为有好的办法能弥补被破坏的完美，而且有比自己的情况更严重的人已经弥补成功了。

一个与他的完美标准有出入的参照物，会诱导孩子对自己针对这一事物的完美标准进行调整，直到自己的小失误能够不被完美标准淘汰。这对于孩子来说，是一个摆脱悲观、挽救自信心的好方法。

早教 Early Learning

孩子从对自我的认识到对环境的认识的过程中，逐渐了解了自己与环境之间是分离的，他们发现自己可以改变自己、要求自己，也可以改变环境、要求环境，这种不断地发现开拓着他们的视野，也不断开动着他们智力发展的"马达"飞速运转。

# 遵规守序
## 最重要

05 message

遵守道德、法律规范，遵守生活及社会规则是做人的基本准则。遵规守序的习惯养成于幼儿时期，在秩序敏感期、规则敏感期会同步出现。

孩子因为某些惯例、约定或规则而约束自己或他人的行为，这是规则敏感期出现的典型标志。这一时期是孩子养成良好的生活习惯及遵守社会规则与规范习惯的关键时期。

### 敏感期趣事 Example

### ● 遵守约定

> 下雨，我们不去凉亭玩游戏了

> 嗯，好的，改天吧。

辛辛家和岩岩家住在同一个小区，两个孩子是好朋友，两家的妈妈每天都一起送她们去幼儿园，再一起把她们从幼儿园接回家，假期的时候，两个孩子也每天都在一起玩儿。今年暑假的一天傍晚，两个孩子在小区凉亭里结束了"过家家"的游戏后，被各自的母亲带回家，临分手前，孩子们约定明天下午还在这里玩儿。可是第二天是个大雨天，直到傍晚，雨仍没有要停的意思，辛辛和岩岩分别在家里和妈妈闹起了意见。无论妈妈们怎样劝说，两个孩子都执意要冒雨去楼下的凉亭。辛辛对妈妈说："岩岩在等我呢。"岩岩对妈妈说："辛辛在等我呢。"妈妈们为了说服两个孩子，只好互通了电话，让两个孩子互相取消了约定。

## ● 不吃别人的东西

扬扬对于各种好吃的东西都很感兴趣，可是他却从来不吃别人的东西。以前的扬扬可不是这样的，每当他看到别人在吃东西的时候，总是盯着人家手里的食物或者正在咀嚼的嘴不放，有时候甚至会冲过去抢。为了改掉扬扬的这个毛病，妈妈很用心地对他进行教育。再遇到有人吃东西的时候，妈妈就会在扬扬耳边说："别人吃东西的时候，我们不看，那不是妈妈买的。"渐渐地，扬扬开始自我约束起来，每次看到别人吃东西，他都会把头转过去不看，如果有人给他吃的，他也不会要。有的时候，别人把东西硬塞到他的口袋里，他也绝对不会碰一下。有一次，小区里的王叔叔结婚，王叔叔把喜糖剥开想喂到扬扬的嘴里，扬扬紧紧地闭着嘴唇，无论如何也不张开。王叔叔笑了，抓了一把糖放在他口袋里，可是好多天过去了，那些糖仍放在口袋里，扬扬动也没动一下。

## ● 不要大声说话

周末的时候，爸爸带昆昆去公园玩儿，在公园里，遇到了爸爸多年不见的一个老朋友，两个人高兴地拥抱在一起，大声地聊起来。听着爸爸和朋友大声聊天，昆昆在一旁很不自在，他使劲儿地拉爸爸的衣角，爸爸这才想起他，忙抱起他对朋友说："这是我儿子，昆昆，快叫叔叔。"昆昆没叫"叔叔"，却趴在爸爸的耳边，轻轻地对爸爸说了一句话："爸爸，公共场合不能大声说话！"

---

## ▶ 规则敏感期的表现

上述的三个小朋友正处于规则敏感期，他们对于各种不同的规则都有着极强的遵守意识，这同时也是秩序敏感期的表现之一。下面我们来探讨一下处于规则敏感期的孩子都有哪些表现。

### 遵守约定、惯例及规则

处于规则敏感期的孩子对于各种约定及惯例、规则会严格遵守。

● 处于规则敏感期的米米当自己的权利被侵犯时，她已经开始注重维护了。

● 处于规则敏感期的扬扬已经把不随便吃别人的东西变成了自己主动遵守的规则。

● "公共场合不能大声说话"，这是父母告诉昆昆的社会规则，人人都应该遵守。所以当爸爸违反时，昆昆会毫不客气地给予提醒。

当孩子参与游戏时，会严格遵守游戏规则，当孩子的秩序感被人为打乱时，他们会出现恐慌，当某种既定的规则被破坏时，他们会出现反感，并及时予以纠正。

辛辛和岩岩在约好下一次的玩耍时间后，不考虑外界因素的阻碍，执意"赴约"；扬扬在认同了妈妈的"不吃别人的东西"这种意识灌输后，将其作为原则去对待来自其他人的食物；昆昆在父亲大声寒暄时提醒其遵守"公共场合不能大声说话"的行为准则，都是孩子对于"规则"的重视。

当然，孩子的规则敏感期表现并不仅局限于约定与规则，他们对于惯例也有着较高的重视，比如有的孩子在看到某个老年人经常穿着白色的鞋子后会拒绝自己穿白色的鞋子，因为在他们的意识中，白色鞋子属于老年人，不属于小孩子，这也是处于规则敏感期的孩子常有的表现之一。而处于秩序敏感期的孩子常有的对顺序、完美等事物的重视，使他们经常对一些违反顺序或者破坏完美的事物产生反感，也同时属于规则敏感期的表现。

### 注重维护权利

处于规则敏感期的孩子出于对规则的重视，随之对违反规则的行为会表现得非常"较真"。并在这个过程中，开始重视维护权利，要求公平公正。

我们来看这样一个例子。

米米和妈妈去姨妈家做客，姨妈家的小姐姐每天下午都会向妈妈申请去楼下玩一会儿，但米米除了跟着妈妈一起出去，就连跟着小姐姐出去也不被同意。从姨妈家回来后的一天下午，米米没有告诉妈妈，便一个人下了楼，在小区的草坪上玩耍起来。妈妈在家里找不到米米，非常着急，赶忙跑下楼，找了好大一圈儿，才在草坪上看到米米。妈妈生气极了，扬手打了米米一巴掌，米米捂着脸，哭着顶撞妈妈："为什么姐姐可以自己出去玩儿，我就不可以？凭什么？"

这就是维护权利的典型表现。同样是小孩子，姐姐可以自己出去玩儿，那么我也可以出去玩儿，为什么姐姐的妈妈不会反对，我的妈妈却不同意？为什么我和姐姐受到的对待会不同？同样，有些父母将孩子的玩具拿给小客人玩儿，孩子也会不满，因为那是"我的"玩具，它只属于"我"。

"凭什么"这三个字听起来语气很不好，但却很有力度。实际上，上述例子中米米妈妈的初衷并非阻止孩子玩耍，而是担心孩子的安全，所以才不允许他单独出去玩儿，但孩子的着眼点与父母的着眼点却不相同，所以会产生矛盾。孩子的这种"维护权利"的行为很多，经常会被父母总结为自私、任性。但如果父母换一个角度去考虑问题，会

发现处于规则敏感期的孩子对于自我权利的保护意识越来越强。

**要求公平公正**

孩子和父母之间常会产生一些矛盾。比如当孩子做错事时，父母会要求孩子认错并道歉，甚至会对孩子进行严厉的训斥或者惩罚，但当父母做错事时，却总是自我原谅，大事化小，小事化了，这会让孩子觉得非常气愤。我错了，我向你道歉，但你错了，却不向我道歉，这是对我的不公平。

要求公平公正，同样是孩子处于规则敏感期的表现之一，因为在此阶段，"公平公正"同样是他们认同的规则之一，犯了错要受到惩罚，如果不同的人同样犯了错，应该受到同样的惩罚，不能我错了就要被惩罚，你错了就可以不受惩罚。成年人总把自己当做一个主宰者，我说对就对，我说错就错，我说罚就罚，我说不罚就不罚。但在孩子的心中，正确的规则应该是"王子犯法与庶民同罪"，不能"厚此薄彼"。

同样的表现还包括对待不同的人是否能"一视同仁"，比如父母对于爷爷奶奶比较重视，却比较忽视外公外婆，孩子就会感到不满，他认为爸爸的父母和妈妈的父母应该受到同样的重视。

## 如何应对规则敏感期

孩子的敏感期表现固然是正常的，但却会让很多父母感觉无所适从，当父母的初衷不被孩子理解，遭到孩子的"任性"或"自私"回应时，父母应该怎么办？如何更好地把握住规则敏感期，为孩子养成正确的"规则意识"？

**父母要严格遵守正确的生活习惯及规则**

与规则敏感期同时存在的秩序敏感期使孩子对于习惯与规则有了牢固的认同，因此这段时间也便成了培养孩子遵守良好习惯及规则的最佳时期。出于对父母的"盲目崇拜"，父母的行为会形成孩子的行为准则，在这个过程中，掌握主动权的父母应该注意自己的榜样力量，坚持遵守正确的生活习惯及规则，尽量避免破坏固有的生活秩序，以免引起孩子的恐慌。

## 随时对孩子进行规则意识的培养

父母是孩子的第一任老师，孩子是否能严格遵守正确的生活习惯及规则，是否能具有遵守规则的品质，取决于父母的言传身教。在这其中，"言传"与"身教"同等重要。对于处于规则敏感期的孩子来说，父母在运用"榜样"的力量对其进行引导时，也要注意随时对孩子灌输正确的思想，比如经常告诉孩子什么是对的，什么是错的。就像前面我们所提到的小扬扬的妈妈，由于她经常告诉孩子不能随便吃别人的东西，孩子渐渐地把这种被动的意识变成了自己主动遵守的规则。

## 从孩子的角度考虑问题，尊重孩子的规则敏感

我们始终强调尊重孩子的敏感期，在规则敏感期，这种尊重同样重要。当孩子对于某些惯例表现得较为"固执"时，父母应该从孩子的角度考虑问题，理解孩子的敏感期心理，不应该对其进行强行"扭转"。如果孩子固执地认为白色鞋子属于老年人，就不要在当时强求他穿白色的鞋子。如果孩子固执地认为饭与菜应该装在不同的器皿里，就不要在当时一定强求他吃盖浇饭。如果孩子固执地要求维护自己的权利，就不要在当时强行要求他顺从父母的意见……

早教 Early Learning

有些父母总会抱怨孩子没有良好的生活习惯，不遵守基本的行为准则，而且培养起来有一定的难度，这是由于错过了孩子最重要的培养其养成正确的习惯、遵守行为准则及社会规则的敏感期导致的，其责任在于父母。

# 自我意识
# 悄然成长

**06**
message

孩子在成长的过程中，自我意识不断增强，在秩序敏感期的后期，大多数孩子都会进入一个反常阶段。这是由于孩子在成长的过程中，意识到了自己与他人之间的分离关系，并热衷于通过拒绝他人来体验这种分离所带来的乐趣，从而证实"自我"的存在。

孩子的执拗行为不断出现，甚至会"愈演愈烈"，以至于会发展到主动打破已经形成的秩序感，一切言行都以反对成年人的言行为"准绳"。简单地说，就是父母让做的事坚决不做，让说的话坚决不说，对父母支持的事坚决反对。这种表现已经超越了秩序敏感期与执拗敏感期，属于自我意识敏感时期的典型表现。

## 敏感期趣事 Example

### ● 我没睡够呢

西西最近总爱和爸爸妈妈对着干。妈妈要给他穿红色的上衣，他一定要穿蓝色的；爸爸要他吃鸡肉，他非要吵着吃牛肉。总之，他没有一件事顺从父母的意思。有一天早上，爸爸妈妈喊他起床，他就是不起，不停地说："我没睡够呢，我没睡够呢！"妈妈给他做工作，爸爸吼他，都无济于事。于是，爸爸妈妈不再管他，自顾自地忙碌。西西在床上躺了半天，见没有人理他，没趣地自己起床了。

### ● 我拿刀砍死你

言言有了一个坏毛病，他最近不仅说话粗鲁，还爱打人。昨天在

西西，起床了！

我还没睡够呢！

● 与父母对着干，也是孩子处于自我意识敏感期的一种表现。

我才不怕你呢！

我拿刀砍死你！

● 处于自我意识敏感期的言言认为娇娇侵占了他的"地盘"，所以说出粗鲁的话来表现抗议。

谢谢姐姐！

● 处于自我意识敏感期的清清对自我物品与他人物品有着严格的区分，只有得到对方的物品交换之后，她才愿意把自己的东西拿出来分享。

幼儿园里，言言想到水池边洗手，可恰好娇娇正在洗。言言走到娇娇身边，用"恶狠狠"的眼神盯着她，对娇娇说："我拿刀砍死你！"娇娇大声说："我才不怕你呢！"言言见娇娇对他表示反抗，伸出手用力地把娇娇拉到一边，娇娇一屁股坐在地上，哇哇大哭。

### ● 好客的清清

清清最近突然变得像"葛朗台"一样吝啬，认为家里的东西全是自己的，谁也不让摸，也不让动。下午妈妈的同事李阿姨要带女儿莹莹来做客。妈妈提前给清清做思想工作，叮嘱她在客人来的时候要有礼貌，要把自己的玩具跟小姐姐一起玩，一起分享，可是清清就是不同意。思想工作总是做不通，怎么办呢？下午很快就到了，敲门声响起，妈妈最后严肃地叮嘱了一遍清清，便走过去开门，热情地迎接李阿姨母女了。清清不情愿地被妈妈叫来和李阿姨打招呼，李阿姨家的小姐姐懂事地走到清清面前，把一个漂亮的布娃娃放在她手里，对她说："这是送给你的。"妈妈赶快说："清清快谢谢姐姐，带姐姐去你的房间一起玩儿吧。"妈妈一边说，一边担心清清拒绝，哪想到清清高高兴兴地说了一声："谢谢姐姐。"并且拉着小姐姐的手跑到了自己的房间，还一次一次地跑出来拿各种好吃的零食回去，两个孩子玩得可高兴了。

## 自我意识敏感期的典型表现

孩子的自我意识并非突如其来，早期孩子出现无故咬人、打人等行为，在同属于其他敏感期的同时，也属于自我意识敏感期的表现。具体来讲，孩子在自我意识敏感期具有如下表现。

### 严格区分"你的"、"我的"

孩子区分自己与他人的最早方法是物质的区分，他会根据某一类物品中属于自己的那部分所具备的特点，延伸到认为其他具备同类特点的不同物品也属于自己。比如爸爸的鞋子最大，妈妈的鞋子比爸爸的小，但比自己的大，自己的鞋子最小。孩子会从鞋子的大小不同中认同"最小的是我的"这个观点，然后用这个标准去要求其他物品，认为所有的"小"东西都是自己的。如果这些被他认为属于自己的物品出现在别人手里，他就会认为自己的利益受到了侵犯，于是强烈地进行"自我维护"。这便是我们前面提到的小清清的妈妈白白给她做了一个上午思想工作的原因所在。

但孩子的这种"私有意识"却是有范围限制的，他的这种占有欲仅局限于自己家中的物品，对于其他不属于自己"领地"的物品，他会分得清清楚楚，你的是你的，我的是我的，孩子头脑中的物质所有权划分十分清晰。

处于自我意识敏感期的孩子并不是真的自私，也并非不能接受其他人动自己的东西，但如果你要用我的东西，就必须用你的一件东西来进行交换，这是自我意识敏感期的存在所造成的心理需求，但物权交换的过程又会同时促进自我意识的继续发展。孩子的成长过程就是这样环环相扣的。同样是小清清的故事，当小姐姐主动送给她一件礼物之后，妈妈再要她带小姐姐玩她的玩具并一起吃零食，有了这个交换的前提，清清便欣然同意了。

### 粗鲁的语言及暴力的行为

孩子爱骂人、爱打人，也是自我意识敏感期的表现之一。骂人与打人行为出现的根源是环境造成的，但对于这种行为的适时运用，却是孩子自我意识发展的表现。当他体会到粗暴的语言与暴力的行为具有极强的"杀伤力"时，他就会将其使用在他认为应该用比较有"杀伤力"的方法来解决的事情上。

前面故事中的言言便是处于这一时期的孩子。当别的小朋友在洗手，而他也想去洗手时，他的本意是让别人闪开，但他不会说："我在这里洗手好吗？"而是用比较有"杀伤力"的语言说："我拿刀砍死你！"实际上，他对于这句话本身并不感兴趣，他感兴趣的是这句话所取得的效果，因为他认为这句话很严重，可以把对方赶走。但如果对方没有被赶走，他就会动用"暴力的行为"来达到自己的目的，于是便会动手打对方。果然，娇娇没有惧怕他那句粗鲁的话，于是他伸手把娇娇拉到一边，由于用的力气太大，导致娇娇一屁股坐到了地上。

像言言一样处于自我意识敏感期，因为"恶言恶行"而被定义为"粗鲁"的孩子，只要在正确的环境中生活，多半不会一直粗鲁下去，当自我意识敏感期逐渐过去，他们又会发现新的表达自己内心情绪的方法。

### 喜欢唱反调

自我意识敏感期的孩子会坚持与父母唱反调，无论家长让他们做什么，他们都会说"不"。这让父母很疑惑，为什么孩子总是跟自己对着干呢？就像我们提到过的西西，爸爸妈妈叫他起床，他坚决不起床，无论怎么动员都不行。但爸爸妈妈不理他了，他反而觉得没趣了，于是自己起了床。是爸爸妈妈做错什么让他不满了吗？不是的。

事实上，孩子并无意于和父母对着干，只是他们需要用反抗和拒

绝的方式来对自己的自我意识进行反复的练习，这是自我意识敏感期的到来使孩子出现的证实自我意识的心理需求。

## ▶ 应对自我意识敏感期的方法

自我意识敏感期的明显表现通常出现在秩序敏感期后期。这时，孩子已经建立起了很多良好的秩序，但自我意识敏感期的出现似乎使那些好秩序都消失了，孩子越来越不"听话"，父母应该怎么办呢？

### 正确看待孩子的行为

正确看待孩子的行为，给孩子足够的爱与自由，尊重孩子的敏感期表现，是我们始终坚持的敏感期应对方法，在孩子的自我意识敏感期也不例外。当孩子出现"自私"行为或者"粗鲁"行为时，不应如临大敌般对孩子进行呵斥与责骂，更不能给孩子下"自私鬼"、"野孩子"这样的定义。要知道孩子自己并不愿意这样做，是自我意识的发展促使他不自觉地去这样做，对于孩子的自我意识敏感期行为应该进行正确的引导，而非极力地打击。

### 巧妙促进孩子的自我意识敏感期进程

想要促进孩子的自我意识敏感期进程，并使其得到健康的发展，应该动动脑筋想出巧妙的办法来。

#### ◎ "自私"的孩子

孩子突然变得"自私"并不是坏事，这是自我意识萌芽的最早表现，为此，家长可以利用孩子的心理特点来对他加以引导。

"自私"的孩子很容易弄不清"物权"。在最早的时候，他的物权概念并不强，因此常常出现将别人的东西当做自己的东西，甚至把别人的东西拿走的"偷窃"行为，但孩子并不知道自己的东西和别人的东西有什么区别。因此有必要促使其自我意识快速发展，明白什么是"我的"，什么是"别人的"，这需要家长经常对孩子进行相关概念的灌输，经常告诉他"别人的东西不是自己的，不能动"，以此来对他强化"任何人的物品都不容其他人侵犯"的意识，也即"私有观念"。想要促进自我意识的健康发展，就要促使这种"自私"心理的快速出现与发展。

自私的孩子通常不愿意"分享"，因此很难与他人建立亲密友好的关系，为了促使他的自我意识快速发展，并顺利度过即将到来的人际关系敏感期，家长应该主动引导孩子进行"交换"，比如和孩子一起玩儿交换游戏。但需要注意的是，孩子在交换过程中没有"等价意识"，如果与其他孩子发生"不等价交换"，家长应该平常心对待，不要随意对孩子进行不负责任的斥责。

◎ 粗鲁的孩子

孩子通过说粗暴语言或者使用暴力行为的方式来处理问题，通常会遭受到批评，但这大可不必。对孩子进行敏感期教育，重要的在于看似不经意的引导，而非表现明显的刻意重视。

对于粗鲁的孩子，如果就事件本身对其进行特别的批评，就会使他对于这种方式所产生的效果更感兴趣：不仅能把别人赶走，还能惹爸爸妈妈和老师生气！我多么强大！这是多么有成就感的一件事啊！

为了避免孩子产生这种心理，对于孩子出现的这种行为应该进行冷处理。也就是不刻意对这件事进行研究，而是假意此事并未发生，而且平时注意为孩子选读些团结友爱、以理服人的故事，让孩子在潜移默化中对于粗鲁行为产生抵触心理，使这一敏感期得到顺利的过渡。

◎ 唱反调的孩子

对于爱唱反调的孩子，既不能任由他的唱反调行为无限发展，也不能对他的唱反调行为进行阻止，因为这两种方法都会影响他的自我意识发展。对于爱唱反调的孩子，最好的办法是减少让他唱反调的机会。

比如，如果想让坚决不穿衣服的孩子顺利地把衣服穿好，可以在让孩子穿衣服之前先对他说："这件衣服真漂亮，嗯，还香香的呢。这是谁的呢？这是我家小牛牛的。把它给谁穿呢？给小熊还是小花猪？"这时，孩子会急匆匆地过来把衣服抢过去说："这是牛牛的，牛牛穿。谁也不许穿！"当孩子想要拒绝穿衣服时，这是一个很好的办法，既能让孩子主动穿上衣服，又向他强调了"私有意识"。

再比如，如果想让坚决不睡觉的孩子顺利地上床睡觉，可以不征求他的意见，直接把他抱到床上，如果他表示"抗议"说："我不睡，我不睡。"可以对他说："妈妈知道宝宝不睡，可是妈妈很累了，想在床上躺一会儿，宝宝在妈妈身边和妈妈玩儿好不好？"强忍着睡意的孩子，只需要在床上玩一小会儿，就会坚持不住睡意，甚至于来不及让妈妈帮自己脱掉衣服，他便进入梦乡了。这样，孩子既没得到拒绝的机会，也没影响睡眠。这个方法值得父母们用举一反三的方法进行使用。

**早教 Early Learning**

在自我意识敏感期，孩子有权与人分享自己的物品，也有权不分享自己的物品，应该让孩子自己来决定。不要强迫孩子将自己的物品与人分享。

# "坏"宝宝也有秩序敏感期

父母眼中的"坏"宝宝，大多是那些"不听话"、爱无理取闹的宝宝。表面上看，这些孩子没有一点秩序感，他们不喜欢按顺序做事、不懂礼貌、不喜欢遵守规则，只喜欢与父母"作对"，或者"耍赖打滚"地提出各种无理要求。但可以肯定的是，这些宝宝正处于自我意识敏感期，而他们的秩序敏感期刚刚过去或者正经历到后期。

只要发育正常的宝宝，在某个特定的时期都会有正常的敏感期反应，而这些宝宝之所以被成年人认为"坏"，认为没有一点秩序感，大多与其所处的环境与所受到的家庭教育有关。如果我们细想一下就会发现，为什么有的孩子喜欢提出无理要求，并且总是用"耍赖打滚"的方法来逼父母或长辈"就范"？即使是处于自我意识敏感期的孩子，也很少能毫无理由地动用"耍赖打滚"的方法来与父母或长辈作对。而孩子之所以会热衷于这种方法，是因为他们通过"尝试"，认为这种方法有效。他们甚至能准备不同的"方案"。比如他们认为，只要自己提出某个要求，就会得到同意。如果不能得到同意，只要自己哭闹，就会被同意。即使还不能被同意，那么只要自己使出"杀手铜"，当着很多人的面哭个不停或者躺在地上不起来，就没有不被同意的事。可是，如果即使他们哭个不停或者躺在地上不起来，也没有得到同意，甚至没有得到理睬，那他们就会感觉到恐惧，当然，他们会灰溜溜地停止哭闹，这也是一种表达恐惧的方式。

孩子心中的内在秩序并不一定是完全正确的，因为他们以自己最初的"所见"为秩序，而最初的"所见"是否正确，取决于成年人让他们看到的是否正确。对孩子的无理取闹一贯妥协的家庭，或者对孩子的敏感期表现采取一贯"镇压"的家庭，最容易出现"坏"宝宝。这种"坏"，究其根源，是内在秩序建立之初便造成的，因而导致了其秩序敏感期表现"与众不同"，并非未进入或者未经历秩序敏感期的表现。

# Part 05

# 空间与细小事物敏感期：
## 让孩子体验探索与观察的乐趣

两三岁的孩子喜欢探索不同大小的空间，能够在看似一成不变的环境中发现细小的变化。在这个过程中，孩子的眼界得到了开阔，肢体动作得到了锻炼，左右脑得到均衡的开发，观察与辨别能力得到了不断的加强。

# 忽然喜欢关注 "神秘空间"

当孩子突然开始关注各种各样的小圆洞，或者开始喜欢钻进桌子底下、沙发间的小空隙时，很多父母会以"淘气"一词来对孩子进行定义。实际上，这是宝宝的空间敏感期发展到高潮期的表现。

孩子对于世界的认识是从微观开始的，同时，他们眼中的世界也是以微观的形式存在的。因此，孩子在掌握了控制自我行动的能力之后，便开始着力于探索并观察这个微观的世界。这时，空间敏感期悄然来临了。

## 敏感期趣事 Example

### 堵洞专家

2岁的超超最近热衷于"研究"家里面所有带"孔"的东西，在研究的过程中，还专门喜欢"搞破坏"。今天超超就闯了一个"大祸"：他趴在锁孔前琢磨锁孔，先拿了一把钥匙塞了进去，然后把钥匙拔出来；他想把手指塞进去，却失败了；他又向里面塞一根小绳子，也失败了。最后，他在家里转了几圈，一眼发现了花盆里放着的半根雪糕棍，那是妈妈种小花苗时用的，超超兴奋地把它拿在手里，开始将比较尖的那一端向锁孔里插。经过一番努力，他终于长吁了一口气，成功了！兴奋的小超超想把雪糕棍拔出来，可是一不小心，雪糕棍折断了，尖的一端留在了锁孔里，他再也弄不出来了。

## 小财迷

3 岁的小娇娇突然对家里的储蓄罐产生了兴趣，爸爸妈妈每天下班后，她都要对他们进行"搜身"，直到翻出一两枚硬币，然后兴冲冲地跑到柜子前，站在一把小椅子上，将硬币塞进储蓄罐背后的小孔里，听到"叮当"的声音，她会兴奋地在小椅子上跳起来。有时候，她会把储蓄罐抱到床上，打开"屁股"后面的小盖子，哗啦啦地摇啊摇啊，把里面的硬币全部摇出来，再把小盖子盖好，将硬币一枚一枚地再放回去。过了一段时间，爸爸妈妈发现娇娇似乎不再总是关注储蓄罐了，可每天的"硬币需求"仍有增无减，直到有一天，妈妈发现娇娇的玩具盒里放着几枚硬币，洗手间的脸盆扣在地上，把盆拿开，下面也放着几枚硬币，还有她的小背包里、小帽子里，甚至厨房的调料盒里也"惊现"了几枚硬币。

## 爱钻空子的皮皮

2 岁多的皮皮喜欢"钻空子"，沙发空隙、桌子底下，都是他喜欢待的地方。有一天，他在院子里看到了放在角落的一个旧轮胎，竟然特意在轮胎中间那个小圈圈里坐了好半天。可想而知，他的衣服一天到晚都没有干净的时候，为此妈妈教训了他好多次，可他却总是记不住，还是一个劲儿地找那些小小的空间向里钻。昨天，他竟然一屁股坐进了空水桶里出不来啦，只好大喊着向妈妈求救。可是刚刚被妈妈唠叨着救了出来，他又雀跃着跑到门外，一屁股坐在小狗的窝里。

上述三个小朋友的行为，是孩子在空间敏感期进行空间探索的表现。下面我们来根据空间敏感期的进程，探讨一下宝宝的空间敏感期的进程与表现。

### 出生后的适应过程

刚刚出生的宝宝没有明显的空间敏感期行为，但他们从狭窄的子宫里呱呱坠地，不再受到限制的手脚和身体以及全身各器官无时无刻不在感受着这个崭新的生存空间。

从感官功能的不断开发，到手的敏感被唤醒，再到学会爬行后亲自开拓可以行动的"空间"，学会行走后主动进行空间的拓展与"占领"，这都是他们对于空间的亲身体验，在这个过程中，他们对所处的环境空间不断了解，并建立了安全感。

## ▶ 喜欢从高处抛撒物品

孩子在成长的过程中，会逐渐发现物与物的分离、物与环境的分离以及人与物和环境的分离。当他们开始喜欢将一些高处的东西不停地拨落到地上，再把它们找到，重新放回高处，再拨落到地上，在这个不断重复的过程中，他们发现物品可以在空间中被随意地抓弄、移动，可以被以任何形式抓弄、向任何位置移动。

孩子从出生起，要用 2～3 年的时间，才能够明白自己与物的分离、物与物的分离以及自己或物与空间的分离。动作发育是促进空间敏感期进程的推动力，孩子通过抛撒物品和移动物品的方式来进行空间探索，从而了解自己与物品以及空间之间的关系，树立了明确的空间概念。

比如有些一两岁的孩子在一溜小跑着向前走路时，会一边走，一边将身边所遇到的东西随手抓起来，再扔在地上，走一路扔一路，所到之处地面"一片狼藉"。有些孩子喜欢将一些小颗粒的东西撒得遍地都是，或者将自己的东西扔到别人的"区域"里面。还有些孩子喜欢将自己的玩具或者别人的一些东西藏起来，让你找不到。

## ▶ 喜欢重复让物品在某一空间内外进出

抛撒物品时期过去之后，孩子们又发现了一个秘密。那就是一个空间中的东西能拿出来，也能把一件东西塞进一个空间里去。于是他们便开始热衷于向所有的孔、洞里塞东西，或者把所有塞在孔洞里的

东西全部拿出来。比如"小财迷"娇娇，她喜欢将硬币塞进储蓄罐里，还喜欢把硬币从储蓄罐里摇出来，后来又把硬币放进不同的"容器"里面，这就属于这种现象。当她习惯了让硬币在同一空间"进出"之后，还创造性地尝试用更多的容器去装硬币。

把里面的东西拿出来，把外面的东西放进去，这是孩子对空间进行认知的一个初级过程，这个过程使得孩子的智力水平在进行空间体验与探索的过程中得到较好的启发与锻炼。

## 喜欢垒高、推倒

对不停重复地从某个空间内拿出和放入东西的热情渐渐淡化后，孩子又开始热衷于将一些东西垒高、推倒，再垒高、再推倒。在这个过程中，他们发现所处的环境空间能够容许物品不断地增加高度，并试图自己也站到更高的地方，体会一下在高处的感觉。当垒到一定的高度，他们无法将物品垒得更高时，就会非常"豪爽"地将自己的作品轰然推倒，任由它们七零八落地铺满地。于是，空间能够不断发展扩大的特点便被他们感受到了，这个对空间的感受过程，是孩子智能发展的关键所在，为他们驾驭空间奠定了良好的基础。

## 喜欢体验小空间

经历过垒高的时期，孩子的空间着眼点会向"小"处发展，小的孔洞、小的空隙都是他们喜欢的空间。像上面我们所提到的小皮皮和小超超一样，很多小孩子会喜欢捉迷藏、钻空子、塞小孔，他们经常会爬进大衣柜或者桌子底下，甚至坐在家里的狗窝里，我们成年人常常会将这种表现归为"淘气"，但事实上，这是孩子在亲身体验小空间的特点，在与"大"空间进行对比的过程中，找出不同，从而作为一种"经验"积累在记忆里。

## 喜欢奔跑、爬高与翻越

当我们还在绞尽脑汁地琢磨如何把孩子从沙发底下拉出来时，孩子却自己从沙发底下跑出来，并且爬上了梯子。是的，当体验小空间的兴趣过去之后，孩子们开始尝试着进行空间的掌握。在这一时期，他们更喜欢奔跑、爬高、下坡或翻越。比如不停地在所处环境中跑来跑去，或者不停地爬楼梯、爬窗台、爬桌子、上下坡、翻栏杆等，在奔跑或者爬高、翻越的过程中，他们会根据自己所面临的情况，不断调整身体与动作，使之能够在不至于威胁到自己安全的情况下，尽可能大地征服所处空间。并在征服的过程中体验成就感，促进自我意识的产生与发展。

## ▶ 喜欢从高处向下跳

再过上一段时间，孩子在爬到高处之后，便开始喜欢从高处向下跳了。这是他对于空间所实施的正式"操纵"。

从高处向下跳的过程不仅是他对空间大小进行感受的过程，更是他用自己全部的感觉器官来感受空间具体容量的过程。他会根据自己一直以来在"探索"行为中所积累的经验，确定所能承受的安全"级别"，并通过判断与分析，选择他认为自己能够承受的高度向下跳。如果在这期间出现了"预测失误"，导致摔跤或其他挫折，他也不会气馁，而是会总结教训，调整"安全级别"，降低向下跳的高度。在这个过程中，他的空间掌握能力、心理承受能力都得到了非常好的锻炼。这种锻炼方式决定着他在未来是否具有探索空间的能力与魄力，是他获得未来发展的重要基础之一。

早教 Early Learning

孩子在空间敏感期内对空间进行的探索，是他进行自我创造的过程，也是一个突破极限的过程。空间敏感期与生俱来，虽然最明显的时期从2岁左右开始出现，但事实上，从0岁一直持续到6岁，都是孩子的空间敏感期。

# 行走动作敏感期，
# 扩大孩子的探索空间

02
message

2 岁左右的孩子开始出现攀爬敏感，喜欢在攀爬的过程中进行空间体验，但孩子的攀爬能力以腿脚行走能力得到开发为前提。因此，行走能力是孩子拥有更好的空间探索能力的前提之一。

孩子处于空间敏感期之中，他的一切探索行为都离不开动作的支持。行走动作的发育与手部动作发育一样，都是 0 ~ 6 岁的孩子探索未知空间的有力武器。

### 敏感期趣事 Example

#### ● 爱跳的明明

有一次，妈妈带明明去农村。妈妈的外婆已经 80 多岁了，见到自己的重外孙非常高兴。她坐在炕上，拿一个苹果递给明明，还用双手托着明明的两肋，让明明站立起来。老人不停地和明明说着话，逗他笑。明明兴奋地用双手抱着大苹果，在老人的"支持"下，不停地向上一蹿一蹿地跳，跳了好半天，仍不知疲倦，还不时地左摇右摇。看到重孙这样活泼，老人心里比吃了蜜还甜，脸上笑开了花。

#### ● 不停脚的小新

小新早已学会了走路，他的速度越来越快，后来便开始喜欢跑。小新的家住在一个旧小区，楼下有一排一排的小仓房。自从小新喜欢上了奔跑后，他最喜欢做的事，就是"无所畏惧"地围着一排小仓房，一圈又一圈地跑啊跑，妈妈为了保护他，只好在后面一圈又一圈地追

快别跑啦！

兰儿，妈妈抱吧。

● 这三个孩子都处于行走敏感期。

着他。在跑的时候，他只顾埋头向前冲，根本不看脚下，有时妈妈怕他摔倒，不停地叫他停住，可他仍旧向前冲。小区里有很多看孩子的家长和保姆，见到小新母子"跑步"的场景，都说："这孩子太淘气了！"

## ● 我要自己上楼梯

在楼下，兰儿在妈妈的怀里，小手向下指，不停地说："下地，下地。"妈妈放下兰儿，她一溜小跑着走到楼梯前，手抓着栏杆，开始用力地上楼梯。妈妈赶忙走过去抱起她说："妈妈抱你上去。"可兰儿挣扎着又从妈妈的怀里溜下来，仍旧要自己上。妈妈只好跟在她的后面，看着她慢吞吞地上到了二楼，这才说："兰儿，妈妈抱吧。"兰儿不理妈妈，执著地用力抓着栏杆，一个人上楼。

## ▶ 行走敏感期的表现

上述的三个小朋友的表现，是由于进入了行走敏感期的缘故。下面我们来具体看一下行走敏感期的孩子都有哪些表现。

## 爬、跳

爱跳的明明喜欢被人架着胳膊向上蹿跳，这是进入行走敏感期的表现。孩子从 8 个月左右开始，便出现了行走的欲望。他们喜欢玩蹿跳游戏，比如站在家长的腿上，让家长拉着双手，或者架着胳膊，小脚用力在家长的腿上蹬，身体向上用力，不停地蹿跳。对于这个动作，他们始终不知疲倦。这是孩子在对自己的腿脚进行锻炼，在做行走的前期准备。

在这一时期，大多孩子掌握了将身体移动到其他位置的好方法——爬。虽然还不能依靠脚的力量走到自己的"目的地"，但他们可以手、腿并用向目标"爬行"，在这个过程中，胳膊与腿的能力也得到了锻炼。爬行的动作对于智力发育也有着极大的促进作用。

## 迈步

在跳跃的过程中，孩子的腿脚肌肉得到了锻炼和发育。他们渐渐地不再满足于在大人的帮助下原地蹿跳，而是产生了迈步的热情。这时候的孩子更喜欢在大人的帮助下，或者被拉着小手，或者被架着小胳膊，勇敢地向前迈步，仍旧不知疲倦。在这一时期，孩子的空间敏感度越来越高，开始希望涉足更多的地方。

## 借助外力行走

渐渐地，孩子产生了摆脱束缚的欲望，尝试着运用一些可以借用的工具，走到自己想去的地方。他们可以扶着墙或桌子、床边挪动腿脚，走到他们想要到达的地方，并拿起自己想要的东西。甚至还创造性地想出了好办法，那就是利用不同的工具达到自己的目的。比如想从床尾走到窗边，拿窗下的小桶，他们会先扶着床尾走到床的一侧，再拐个弯，扶着床侧走到床头柜旁边，再扶着床头柜走到墙边，最后扶着墙，顺利地到达窗前，拿到小桶。

## 独立行走

当孩子 1 岁左右时，经过不断的行走锻炼，他的腿脚肌肉越发强健起来，逐渐开始尝试着拒绝外力的帮助，独立行走。在初期，很多孩子喜欢玩"找妈妈"的游戏。比如妈妈让孩子扶着某个物体站立，自己走远几步，与孩子保持一定的距离，然后热情地呼唤孩子来"找妈妈"。这时，很少有孩子会吓得大哭，他们热衷于尝试着松开小手，迈出小脚，快速地走上几步，然后扑到妈妈的怀里。即使不小心摔倒了，他们也不会沮丧。妈妈与孩子的距离不断拉长，孩子独立行走的能力便愈发成熟起来，用不了多久，就能自己走路了。有些家长说自己的孩子"不会走先会跑"，实际上，这时的"跑"并不是真正的跑，只是孩子在最初行走的过程中，腿脚还不能单独支撑太长的时间，两只脚的交换频率比较快，不能控制自己的速度。

孩子刚开始学习走路时，走路没有目标，也不怕危险，更不能转弯、慢行或及时做出"停止"的反应。但他们会在不断的行走实践中总结经验与教训，并最终掌握在行走过程中进行自我控制的办法。每个孩子都是"天才"，这句话在幼儿的成长过程中的每一个细微之处都会被淋漓尽致地表现出来。即使是在能够进行走与跑调整之后，处于动作敏感期的孩子也仍旧不喜欢停下脚步，他们的热情看上去仍旧高涨。在一个范围内不停地跑来跑去，如果大人在身后追着他，他会跑得更起劲儿。不停脚的小新喜欢每天围着一排小仓房不停地跑，就是属于这一时期的明显特点。

## 攀爬与跳跃

在掌握了"走"这个基本动作之后，孩子又开始对难度较大的行走动作感兴趣了。上下楼梯等难度较大的动作成为他的新乐趣，这是孩子在行走敏感期的一个特殊表现。在不断重复上下楼梯的过程中，孩子反复地用自己的脚来感受未知的空间。最初，他们会借助手的力量进行高度的衡量，然后才将腿脚迈出。但随着对这个动作的日渐熟

悉，他们对于脚的作用也有了新的认识，于是渐渐地放弃了手的参与，自由运用自己的脚来感知任何空间，脚的潜能被不断激发出来。

在这段时间，孩子所喜欢的不仅仅是楼梯，他们喜欢一切有坡度的空间。如果我们仔细观察，就会发现孩子对于道路上的斜坡与活动场地上的滑梯特别感兴趣。这是由于孩子对空间的探索意识达到了较高的水平，同时也是在对自己的行走工具——双脚进行锻炼。他们渴望用自己的脚去进行探索，有时不停地上下楼梯，有时不停地上下坡，有时不停地行走，在处于行走敏感期的孩子看来，这是最快乐的游戏。

## ▶ 行走敏感期的动作特点

处于行走敏感期的孩子，其行走动作表现大多具有重复、不走平坦路等特点，下面我们来具体探讨一下相关特点。

### 不断重复同一动作

孩子在任何敏感期都有一个普遍的特点，那就是"重复"。在不同的敏感期，他们会相应地喜欢重复进行不同的游戏或动作，而任何的重复都是他们对自己敏感期的相应能力进行锻炼的过程，在通过重复而得到锻炼的过程中，孩子的相应能力得到更进一步的开发。在错过敏感期后，再进行任何刻意的训练都无法使能力的提升比敏感期内提升得更快、更有效果，就是因为敏感期内的兴趣来源于其成长过程中的生理需求。在敏感期，孩子的全身从内而外，从动作到思维，都像一个程序周密的完整系统，能力的提升一触即发。

在行走敏感期，孩子到了不同的阶段，会喜欢重复不同的"行走"动作，比如不停地向上蹿跃、不停地走来走去、不停地爬上爬下等。随着腿与脚的功能被一步一步唤醒，他们的心智水平也在不断提高。而心智水平的提高，又会促使他们驾驭腿与脚的能力随之上升。腿脚功能的运用自如，让他们产生了更加强烈的用腿脚来探索空间的欲望。而探索，又更进一步地促进了他们对自身潜能的挖掘。因此从根本上来讲，重复动作是孩子获得成长的"武器"。

### 路见"不平"偏要走

孩子学习行走的过程中是没有畏惧感的，他们甚至喜欢走在我们成年人看来不应该走的路。比如沟沟坎坎、水坑土堆，越是坎坷不平的路越受他们的欢迎，越容易让他们感到快乐。孩子是天生喜欢冒险的，他们有着强烈的征服欲望，将所有的"不平"踩在脚下之后，他们的脸上会露出胜利者的微笑。这是他们对空间的另一种探索历程。在走不平路的时候，孩子难免会摔倒，但是他会主动爬起来，并若无其事地继续他的探索历程。孩子不会在同一个地方摔倒，如果我们成年人对他们少一点干涉，他们完全有能力学会"从哪里跌倒就从哪里爬起来"。

孩子是一个自由的、活跃的个体。在行走敏感期，他们通过各种行走"训练"，对空间的把握能力有了跨越式的发展。

**早教 Early Learning**

孩子在不会走时想要走，走不好时又热衷于重复走，平路走好了想走坡路，坡路走好了想走不平路……但是当完全掌握了各种行走动作之后，他们的动作敏感期便会宣告结束了，此时一个最明显的特征是，孩子忽然变得懒惰起来，本来已经会走路了，可他却总是来到你的身边，张开双手对你说："妈妈，抱抱。"

# 空间敏感期，
# 陪孩子做个空间游戏吧

message 03

处于空间敏感期的孩子正处于对游戏痴迷的阶段，陪孩子做一些增强空间感知能力的游戏，有助于孩子感知空间并提升探索空间的能力。

当孩子通过探索、观察等不同的方式来认识世界时，他对世界的本能感觉不断上升到知觉的状态，于是他的认知能力得到了不断的开发。经常陪孩子游戏，为孩子提供可游戏的场所或"道具"，让孩子在游戏中将感知能力在空间敏感期内最大限度地开发，这是明智的父母应该做到的事。

## 敏感期趣事 Example

### ● 兵兵会走路了

兵兵1周岁了，仍然不能独自走路。妈妈让兵兵扶着床边站在床前，然后走到离兵兵两三步远的地方，呼唤道："兵兵，来找妈妈。"小兵兵向妈妈伸出手去，想让妈妈拉着自己，可妈妈仍在原地叫他。兵兵没有哭，试探着想要迈出小脚，最后，他就像下了很大决心一样，闭上眼睛，头向前伸，迅速迈了几步，扑进了妈妈怀里。后来，妈妈不断地调整距离，兵兵每次都能坚持迈步，直到扑进妈妈怀里。这个动作越来越熟练，但兵兵仍旧不能行走自如，只是在与妈妈游戏时才走上一段距离，这让妈妈有些着急。后来，外婆给妈妈支了一个"妙招"。时间空余的时候，妈妈不再去抱着兵兵陪他玩儿，而是在家里的各个房间走来走去。兵兵叫妈妈，她答应一声，但不去抱他，只是慢慢地、若无其事地走，小兵兵见妈妈不停下来，也不理他，便迈着小脚丫跟在妈妈身后，妈妈保持一个让兵兵追不到的速度，兵兵就一直走，甚至坚持走遍了每个房间。这时，妈妈才惊讶地发现，原来兵兵已经会独自走路了。

## ● 再扔远一点

浩浩发现了手的新功能——扔东西，乐此不疲地喜欢上了这个游戏。每天，浩浩都要与妈妈玩一会儿扔东西，妈妈和浩浩拉开一点儿距离，坐在他的对面，张开手对他说："扔到妈妈这里来。"浩浩便把玩具扔向妈妈，妈妈时常不能接住浩浩扔过来的玩具，只是不停地给浩浩捡玩具，并送回给他。偶尔妈妈加长一点两个人之间的距离，并对浩浩说："我儿子真厉害，这么远都能扔得到，咱们这次再扔远一点儿，再扔到妈妈这里来。"小浩浩干劲儿十足，虽然累得满头大汗，仍然雀跃着，不停地把玩具扔向妈妈。

## ● 住在"蚕茧"里的孩子

嘉嘉总是喜欢对妈妈说："妈妈，我是一条小肥蚕。我要住进茧里。"有一次，嘉嘉从楼道里发现了一个旧纸箱，她兴奋地把旧纸箱套在了头上，转过身对妈妈说："妈妈，你看我的蚕茧太小了，连头都罩不住。"看着可怜兮兮的嘉嘉，妈妈心里很不是滋味。回到家里，她把昨天买冰箱时的包装箱放倒在地上，对嘉嘉说："看妈妈给你准备的大蚕茧。"嘉嘉欢呼一声，一头钻进了纸箱里，在里面爬来爬去，还央求妈妈把自己的小被子小褥子拿进纸箱里，在里面睡了个午觉。可是到了晚上，她就不喜欢在里面玩儿了。妈妈很纳闷儿，问她原因。嘉嘉说："小肥蚕长大了，蚕茧应该越来越小才对呀，那个蚕茧已经不能住了，它太大了。"妈妈笑了，说："好吧，妈妈给我的小肥蚕换个紧紧的蚕茧。"说着，妈妈把床上的被子铺开，让嘉嘉躺在里面，又把她裹紧。这样，嘉嘉就被包成了一个大"蚕茧"。嘉嘉高兴极了，她让妈妈把被子抓牢，然后费力地从里面向外爬，不停地说："小肥蚕变

扔得真远，真棒！

小肥蚕变蝴蝶喽！

● 三个孩子以不同的游戏方式来感知和探索空间。

蝴蝶喽，小肥蚕变蝴蝶喽！"

上述的三位家长，都在积极地与孩子做不同的空间游戏，这是提高孩子空间感知与驾驭能力的捷径，值得赞扬。下面我们来为大家介绍一些比较典型的、适合孩子在0～6岁所做的空间游戏。

## ▶ 你扔我捡

当孩子发现手的"扔东西"功能后，会喜欢上你扔我捡的游戏，以此来体验"物与物分离"所带给他的乐趣。我们上面所提到的浩浩母子就在做这种游戏，孩子将玩具扔远，妈妈对他的成绩进行高度表扬，再帮他捡回来，引导他扔得更远。让孩子相信自己的能力，并热衷于不断提高自己的能力。这种方法能够使孩子在体验探索空间的快感的同时，促进自信心的增长。

**游戏方法**：将一些不易碎的重量较轻的玩具放在孩子手边，引导孩子向远处扔。孩子成功将玩具扔出后，要对他进行表扬，再帮他把玩具捡回来，像浩浩的父亲一样对孩子说："扔得真远，真棒！来，咱们扔得更远些！"

## ▶ 找妈妈

对于练习爬行或练习独自行走的孩子来说，"找妈妈"是一种比较简单易行而且效果显著的游戏。有些孩子在敏感期的某个阶段，虽然有了强烈的尝试欲望，但迈出第一步还需要很大的勇气。因此，通过孩子容易接受的方式，鼓励孩子勇敢地迈出第一步，是非常重要的。

已经能够走路的兵兵迟迟不能独自行走，这让他的妈妈很郁闷。可是当她试着与孩子玩"找妈妈"的游戏时，小兵兵却勇敢地独自走向了她，当她用缓慢的动作吸引孩子追逐着她的脚步"找妈妈"时，她惊讶地发现，原来孩子早已掌握了走路的技巧。实际上，即使兵兵妈妈不对兵兵进行潜力开发，兵兵也能迈出脚步，但时间也许会延迟下去，而孩子的敏感期却容不得延迟，晚一步，它便走了。在对孩子进行敏感期潜能开发的过程中，早行一步，孩子的能力就早一步被挖掘，就比别人多赢得了一个成长的时间。在空间敏感期，能够更早地掌握探索空间的技巧，对于孩子日后的能力、兴趣及职业选择都会起到促进作用。

**游戏方法**：孩子与妈妈分开一段距离，然后做出拥抱的姿势，让孩子走到身边来。如果孩子不敢迈步，可以对他多进行一些鼓励，或者拿一些孩子喜欢的东西在手里，促使他下定决心。当孩子能轻松地走过这段距离之后，再加大距离进行尝试。当孩子想找妈妈抱时，妈妈在孩子面前慢慢走，吸引孩子在后面跟随。

## 垒"宝塔"

垒高游戏也是处于空间敏感期孩子所钟爱的游戏，他们喜欢把物体垒高并推倒，从而感知空间的存在。这个游戏可以引导孩子感知"大"与"小"的概念。

**游戏方法：**将积木拿给孩子，让他自由垒高。当孩子把积木毫无次序地垒高成"豆腐渣工程"之后，让孩子看到积木倒塌的过程。然后当着孩子的面，将大小不同的积木按次序垒高，大的放在下面，小的放在上面，并同时告诉孩子"这是大的，要放在下面"，"这是小的，要放在上面"，"这是最小的，要放在最上面"。当孩子对终于成功垒起的积木表现出动手的兴趣时，引导孩子将垒好的"宝塔"推倒，亲自动手，再垒一座"优秀"的宝塔出来。注意随时给予肯定和鼓励。

## 插小孔

当孩子的行为能力发展到一定程度，其空间敏感程度也越来越高，开始对一些比较细小的空间产生兴趣。通过不断的游戏，熟练区分"大"与"小"的区别。手部能力的解放使得孩子明白了物与物分离的道理，探索空间的欲望于是快速地增长起来。插小孔的游戏对于两周岁左右的孩子来说是非常有吸引力的，他们为了不断地完成这项"工作"，能全神贯注地集中注意力半小时以上，甚至更长的时间。

**游戏方法：**给孩子一个酸奶瓶和一根吸管，引导孩子将吸管插进酸奶瓶表面的小孔里，成功后将吸管抽出，再引导孩子重新插进去。经过几次练习之后，孩子便不再需要大人的引导，而是自己主动地进行重复游戏了。

## 捉迷藏

孩子在玩儿捉迷藏的游戏时，多半不喜欢做寻找的一方，而是喜欢做躲藏的一方。他们会寻找那些空间狭小、隐蔽性强的地方躲藏，如果让我们来寻找他们，其实很容易，沙发空隙、桌子底下、窗帘后

面、衣柜里都可能是他们的藏身之所。在躲藏的过程中，他们会对从自由的大空间转入狭小空间后产生的巨大反差带给他们的神秘感乐此不疲。

**游戏方法**：妈妈闭上眼睛，倒数十个数字，给孩子藏身的时间。然后大声说："我要出发了哦！"大多数孩子会在这时发出一个小动静或者小回应，让妈妈发现他藏在哪里，但妈妈应该故意没有听见。在寻找的过程中，可以假意寻找几个错误的地方，同时不停地说"我去桌下找找……咦，没有啊"，"嗯，一定在窗帘后……咦，也没有"，"藏在哪儿呢"……直到孩子大声喊："妈妈，我在这儿呢。"再假意走到他藏身的地方，故作惊讶地说："哎呀，终于找到啦！"

需要注意的是，在这个游戏的最后，一定要有把孩子找到的过程。因为孩子的耐心有限，他会一方面为自己所在小空间的"隐蔽性"感到骄傲，一方面又期待被发现。因此他经常会发出很多的声音吸引妈妈找到他。在玩儿捉迷藏的游戏时，我们应该同时注意到，孩子在处于空间敏感期的同时也处于秩序敏感期，在他们看来，"藏"的结果就应该是"被找到"，如果没有被找到，就会破坏了他们的内在秩序。

### ▶ "蜗居"游戏

孩子喜欢坐在格子里，喜欢爬到桌子下面，甚至坐进小狗窝，这是空间敏感期的孩子对于小空间的探索欲望造成的。当孩子出现这种欲望时，制止的作用往往不如"纵容"更好些。为了不至于担心孩子把自己弄得过脏或者威胁到安全，父母可以为孩子提供一些安全卫生的小环境，供他们进行"蜗居"游戏。住在"蚕茧"里的嘉嘉的妈妈，便是"纵容"自己的孩子玩"蜗居"游戏。她不仅给孩子提供了一个纸箱，任由她在里面玩耍、睡觉，还把孩子包裹在被子里，让孩子体会"破茧成蝶"的乐趣。这些游戏无疑增加了嘉嘉对于不同大小空间的认识与体验。

　　**游戏方法**：平时购买家具时的包装箱不要随意破坏或丢弃，当孩子进入空间敏感期，并对狭小的空间产生兴趣时，可以拿来作为孩子的游戏场地，或者买一个小帐篷，供孩子玩空间游戏。当孩子利用纸箱或帐篷玩耍时，不要轻易地干涉他的玩耍方式。当他对这个纸箱或帐篷的兴趣逐渐衰退时，他会对其他不同大小的空间感兴趣，可以根据实际情况，为他调整玩耍空间，比如学学嘉嘉妈妈的办法，用一床被子陪孩子玩更小的"蜗居"游戏。

## ▶ 跳蹦蹦床

　　在空间敏感期，当孩子的兴趣转移到从高处向下跳时，他们热衷于用这种方式，通过自己的身体来体验不同高度之间的距离。这使很多父母忧心忡忡，拦下他，会连敏感期一起拦下，不拦他，让他无所畏惧，万一真的摔伤怎么办？万一从更高的地方向下跳怎么办？其实，我们完全可以通过游戏的方法让孩子更加安全地来体验空间内不同高度之间的距离，那就是经常带孩子玩蹦蹦床游戏。

　　**游戏方法**：带孩子去有蹦蹦床的游乐场所，鼓励孩子在蹦蹦床上跳跃，并随蹦蹦床的弹力不断弹跳。需要注意的是，这种游戏不适合年龄太小的孩子，至少要到三四岁时才可以开始进行。

早教 Early Learning

　　对于任何一个年龄段的宝宝来说，捉迷藏的游戏都是他们的保留项目，他们对于这个游戏的痴迷度从来没有降低过。空间敏感期、秩序敏感期等多个敏感期所支持的游戏中，都有"捉迷藏"这一项。

# 做好后盾，
# 让探索者勇往直前

message **04**

孩子的空间敏感期带给家长极大的恐慌，他们像老母鸡一样时刻想要把孩子保护在自己的羽翼之下，避免因为过度的"顽皮"而带来的安全风险。但这种做法却阻碍了孩子的成长步伐，让孩子落后了。

## 敏感期趣事 Example

### ● 嘴啃泥

童童是个调皮的小家伙，妈妈的眼睛从来不敢离开他，生怕自己哪怕有一分钟的疏忽，童童都会发生危险。晚饭后，妈妈看见童童在房间里用心地堆着积木，于是，便想去厨房烧一壶开水。可是，水壶还没有灌满，房间里就传来了"砰"的一声。妈妈吓了一跳，扔下水壶就跑进房间，只见童童倚着书桌趴在地上，脸碰到了地面，屁股却高高地撅着，紧贴着书桌。妈妈"哎呀"了一声，赶紧冲过去救童童，却发现童童的裤子被钩在书桌的橱门把手上了。原来，小童童趁妈妈去烧水的时候，自己上了床，又站到床头柜上，爬上了紧挨着床头柜的桌子。他想从桌子上直接下来，大概是他有些不敢跳，所以选择了一个比较安全的办法，那就是从书桌上"溜下来"。在这个过程中，发生了意外，童童的开裆裤后面的开口，在正好"溜"到橱门扶手处时被挂住了，所以童童的行动失败了，摔了个"嘴啃泥"。

### ● 闯祸的鱼缸

岩岩刚学会走路不久，就又喜欢上了跑，而且喜欢在家里横冲直撞。妈妈怕他摔倒，总是寸步不离地跟在他的后面，弯着腰，张开双手护着他。可是岩岩显然不喜欢妈妈的保护，他总是想找机会"不被跟踪"地奔跑，所以他总是趁妈妈忙的时候跑，边跑边为没被妈妈发现而咯咯地笑。有一天午后，妈妈和岩岩躺在床上睡午觉，岩岩睁着眼睛，一会儿用小手抠抠妈妈的纽扣，一会儿又转过去摸摸床头上的花纹，不知不觉地，妈妈睡着了，岩岩还是没有睡。发现妈妈睡着了的岩岩好像忽然想起了什么，悄悄地溜下了床，回头看了看妈妈，妈妈睡得正香，他兴奋起来，转身就跑，甚至发出了窃笑的声音。妈妈被岩岩的窃笑声和咚咚跑出房间的脚步声惊醒，发现身边不见了岩岩，赶忙呼唤他，听到妈妈的呼唤，岩岩知道自己"被发现"了，赶忙向沙发空隙跑，想要藏起来。结果，由于太慌张，没顾及到离沙发很近的大鱼缸，一头撞在鱼缸角上，撞得他咕咚一声坐在地上。等妈妈听到声音跑到他身边，岩岩的额头已经鼓起了一个大包。

## 都是图钉惹的祸

爸爸的书桌里放着很多办公用品，比如尺子、铅笔、笔记本、大头针、订书钉、图钉等。点点很喜欢拉开爸爸的抽屉向里面看，以前

● 父母一定要为处于空间敏感期的孩子创造一个安全的探索空间，让他们自由探索。

她力气小，拉不动，便总是让爸爸把抽屉打开，爸爸拿一支笔或一把尺给她，她能玩很长时间。当她渐渐长大了，拉开抽屉对她来说已经不是什么难题，尺子与铅笔她早已玩腻了，于是大头针、钉书钉、图钉等物品便跃入了她的眼帘。一天，点点爬到爸爸的书桌底下玩，可是刚刚爬到桌子下，便尖叫起来。爸爸听到声音跑过来一看，点点的手上扎着一枚图钉。不用问，这图钉肯定是点点悄悄地翻爸爸抽屉玩的时候掉到桌下的。

处于空间敏感期的孩子具有很强的"探险"意识，而父母们之所以对他们处处小心，不敢放手，更多的是担心出现安全问题。应对孩子的空间敏感期，父母应该为孩子创造一个相对安全的探索空间，并做好相应的"幕后"保障工作。但在孩子面前，父母最好默默地做一个旁观者或支持者，不要大包大揽地干涉他们的自由。具体来讲，父母应该做到以下几点：

## ▶ 给孩子足够的自由

在我们身边为人父母者中，能够做到不干涉 0 ～ 6 岁孩子行为的人可谓凤毛麟角。在我们大多数人看来，任由孩子摸遍家里的孔孔洞洞，甚至连电源插座也不放过，任由孩子爬到高高的梯子上，或者把头钻进残墙上的破洞里，或者任由孩子在坑坑洼洼的泥泞地上奔跑，即使我们一忍再忍，终究也很难做到忍住不干涉。但教育学家和心理学家都告诉我们，在空间敏感期的背后，隐藏着孩子巨大的心理需求，如果此时受到了约束，孩子的心理需求不能得到满足，那么其心理和潜能便得不到健康、健全的发展。可见，干涉与约束孩子敏感期表现的行为是错误的。

给孩子自由，这不仅是一句口号，更是一句体现孩子内心需求的"声明"。孩子的空间探索历程需要被尊重，也需要爱和足够的自由。扪心自问，当孩子在空间敏感期进行各种各样让我们"惊心动魄"的

行为时，我们不惜阻挠他敏感期的原因是什么呢？其实很简单，就是安全与卫生。

我们常常听到家长们这样抱怨自己的孩子："刚刚才收拾整洁的屋子，只是一个转身的功夫，就被孩子折腾得乱七八糟。""你看，这才穿了一个上午的新鞋子，下午就踩进了泥坑，甚至是在泥坑里不停地跑来跑

● 几个月的孩子也会有很强的"安全意识"。

去。到了晚上，鞋子就变成这副样子了。""他才多大一点儿啊，就天天往桌子上爬，大人不帮他，他就自己来，搬个凳子做过渡，先爬上凳子，然后很轻松便爬上去了。这还了得，万一掉下来怎么办？万一养成爬高的习惯，从阳台窗户爬上去摔到楼下怎么办？""今天可把我吓坏了，孩子竟然把手指往插座里捅，幸亏我拦得及时，不然得多危险啊！"……这些都是为了孩子的安全和卫生着想，当然，也是他们对孩子的"淘气行为"进行干涉的主要原因。

儿童心理学家们曾经做过一个试验，他们将几名不足1周岁的孩子放在压有一幅悬崖图案的玻璃板上，让孩子向前爬行，当孩子们爬到"悬崖"边时，都停住了身体，并哭泣着观察妈妈的脸色，当妈妈笑着向他们伸出手时，他们才继续向前爬。这个试验证明了一个道理，那就是孩子很小的时候就有了自我意识，并有了很强的"安全意识"。他们能够对环境对自身所构成的威胁做最初的判断，在这种时候，他们会首先将这种压力带给父母，并从父母那里获得进行下一步的建议。当然，这个过程有时仅仅是眼神的交流，根本不用浪费唇舌或力气。而很多为父母的人，却常常坚持不到这个地步，当孩子刚刚停下身子，

甚至还没有停下身子的时候，他们就会先一步过去把孩子抱起来，然后虚张声势地进行安抚，还不停地唠叨着说："多危险啊，掉下去可怎么办！"

事实上，孩子最初对于"危险"这两个字没有比较形象的概念，即使在探索的过程中遭遇一些小的坎坷，他们也很容易依靠自己的信心或者妈妈的鼓励，勇敢地去战胜它。但如果父母总是在他们耳边忧心忡忡地灌输"危险"的内容，孩子就会感觉被置于危险之中。再加上大人们"惟妙惟肖"的描述，孩子对"危险"的理解才深刻起来。我们常能见到有些孩子做事畏首畏尾，什么游戏也不喜欢参加，这些孩子的问题大多是由于敏感期遭到阻挠造成的。他们心里所知道的"危险"的事太多，生活中的大多数事物在他们看来都是有危险的，当孩子对于所处空间产生了恐惧感，他对空间的探索行为就会消失。

因此，家长们要在宝宝面前多些定力，尝试着多承受一些压力，即使发现孩子有可能处于危险之中，也要尽量不动声色，让孩子没有心理负担地去进行空间探索，并在体验的过程中得到成长。

### ▶ 默默地做孩子的坚强后盾

我们前面所选的几个家庭都是这个问题上的"坏典型"，童童、岩岩、点点的遭遇有一个共同点，就是家长都没有将家中的危险部位与物品进行提前处理。处于动作敏感期的孩子顽皮好动，而父母又绝对不可以像老母鸡一样将他们护在怀里，所以，提前做好安全准备工作显得非常重要。就像童童家的橱门扶手、岩岩家的鱼缸尖角、点点家的图钉等，这些东西完全不应该保持其原有的"杀伤力"，该包裹的应该及早包裹，该高处放置的应该及早高处放置。

为孩子进行安全准备工作其实很简单，比如将家中所有的尖角部位用布包圆，所有不适合孩子玩耍的东西，一定要放在孩子不能接触到的地方。所有可能钩住衣物的把手都尽量包裹处理。父母虽然不能在孩子面前把担心写在脸上，更不能说出口，但在背后，父母一定要

为孩子尽可能做好安全后盾。

有些父母为了保护孩子的安全，随时"掺和"在孩子的探索过程之中，像管家一样管这管那，让孩子十分反感。也有些父母自以为是地对孩子进行能力锻炼，当孩子爬高时，他伸出手让孩子当台阶，当孩子快要摔倒时，立刻就伸出手把他拉起来。后面一类父母的方法看似较前面一类父母更科学，但仍漏洞百出。一个永远不知道脚下有可能无物可踩的孩子，一个永远不知道身体倾斜后就会摔跤的孩子，虽然没有被"危险"吓退空间敏感期的探索意识，但却会被培养成根本不知道危险为何物的孩子，出现安全意识的完全丧失，当危险真正存在时，失去原有的辨别能力，这样的孩子才是最让人担忧的。

因此在日常的生活中，让孩子在探索中自由地建立安全意识是非常重要的。家长完全不必刻意地进行公开保护。如果孩子所喜欢的探索方式实在有安全隐患，比如从高处向下跳，家长可以帮助孩子找到其他的可替代途径，比如去游乐场馆玩蹦蹦床游戏。

除了安全问题，让家长头疼的还有卫生问题，这其中包括家庭卫生与孩子的个人卫生，如果孩子这样不停地"探索"下去，那么家长所面临的卫生任务就会呈 N 倍的增长趋势，这难免让忙碌的家长们抱怨不止。但仔细想想，还有什么比孩子的成长更重要的事情呢？

**早教 Early Learning**

空间游戏是孩子体验空间的好方法，积极的家长们应该经常和孩子进行空间游戏。一个积极的家长比事事担心的家长对孩子所起的作用更大，积极的家长会主动给孩子制造成长的机会，让孩子体验空间的快感，使孩子的探索需求得到满足。

# 再小的变化
# 孩子也能发现

**05** message

关注细小事物敏感期发生在孩子 1 岁半到 2 岁之间。如果说空间敏感期是孩子探索世界的过程，那么关注细小事物敏感期就是孩子观察世界的过程。用蒙台梭利的话说：儿童对细小事物的观察与热爱，是对已无暇顾及环境的成人的一种弥补。

对于处于关注细小事物敏感期的孩子来说，他们的视野与成年人的视野正好相反，成年人更注意用宏观的眼光观察世界，而孩子更注重那些被成人忽视的细枝末节，越微小的事物越容易引起他们的注意。

## 敏感期趣事 Example

### 妈妈的头发掉了

妈妈买了新床单，铺在床上很是漂亮。妈妈抱起千千，问她："千千，看妈妈买的新床单，漂亮吗？"千千向床上看了一眼，突然眼睛一亮，用小手指着床单说："妈妈头发掉了。"然后挣扎着从妈妈的怀里溜到地上，又快步跑到床边，伸出两根小手指，仔仔细细地从妈妈的新床单上捏起了一根头发。

### 小蚂蚁要搬家

小远待在院子里的草地上已经很久了，他蹲在草丛里，认真地观察着什么，时而兴高采烈，时而细致入微。妈妈觉得奇怪，便走到他身边，蹲下身来与他一起看。原来是一个蚂蚁洞，蚂蚁们正在忙着搬家。小远兴奋地对妈妈说："妈妈，你看，蚂蚁在搬家呢，刚才蚂蚁爸爸告诉蚂蚁妈妈要多运些粮食，蚂蚁妈妈还不高兴呢，她说自己没那么大力气，让蚂蚁爸爸和她一起抬。"

## ● 那里藏着一个钉子

家里的石英钟不走了，爸爸站在椅子上，把石英钟摘了下来，想给它换两节电池，看一下究竟是电池原因造成的还是有其他的原因。爸爸把石英钟递给妈妈，妈妈又随手放在茶几上。平时，每当妈妈把什么东西放在茶几上时，小玲总要走过去看个不停，但今天她没有。她仍旧站在原位，眼睛愣愣地盯着石英钟挂过的地方，看了好一会儿，她才指着墙壁说："妈妈，你看，那里藏着一个钉子。"

## ▶ 关注细小事物敏感期的明显表现

当孩子处于探索与观察敏感期时，他身体的每一个部位都蕴藏着巨大的能量，这种能量促使他们必须对自己的能力进行发展，并越过本能。这便是我们常说孩子的生命最具创造力的原因所在。上面的几位小朋友都有着处于关注细小事物敏感期的表现。在对细小事物进行观察的过程中，孩子们常常会倾注自己的感情，同时也会不断地通过观察，发现世界上各种各

● 处于关注细小事物敏感期的孩子，开始观察周围的细小事物。

171

样让他们感觉有趣的事情。下面我们来看一下处于关注细小事物敏感期的孩子有哪些明显表现。

### 能够看到被我们忽视的细节

孩子经常能够发现被我们成年人所忽视的细节，就像千千一样，新床单上有一根妈妈的头发，如果不仔细地、刻意地去观察，我们根本发现不了，可是千千却一眼就看到了。

有时候，一些被刻意隐藏起来的细节，我们成年人会由于"障眼法"的缘故，被一些其他的新细节吸引了目光，忽视了被隐藏起来的真实细节。而处于关注细小事物敏感期的宝宝不一样，他们可以一眼就看到成年人费尽心机想要隐藏起来的东西，并认真地进行观察，不停地问："这是什么？"

小玲家的石英钟不走了，爸爸把它摘下来，想要给它换电池。按照我们的想法，小孩子应该更喜欢去研究那个几乎从来不会被从墙壁上拿下来的石英钟才对，可小玲却恰恰没有关注它，她的目光被挂石英钟用的那颗钉子吸引了。由于孩子更注重从微观的角度来对世界进行观察，所以任何被成年人忽视的细枝末节都逃不过他们的眼睛。

### 能够第一时间发现细节变化

我们在生活里经常见到这样的场景：角落里的一朵默默无闻的小花开了，没有一个成年人注意到它，可是宝宝刚刚进到院子里，就兴奋地向那朵小花跑去。风把墙上贴的一张小画吹得有些歪，这根本没引起任何人的注意，但宝宝刚刚走进房间，便咚咚地跑到那幅画下面，着急地指着小画喊妈妈。妈妈穿了件新衣服，可宝宝却发现妈妈的脸上起了一个小疙瘩。爸爸的电脑包背面不知道什么时候被刮了一个小洞，自己都没有发现，可是宝宝却发现了……

很多人都会感叹2岁左右的孩子"眼睛尖"，因为很多大人注意不到的事情他们一眼就能看到，这恰是由于他们处于关注细小事物敏感

期的缘故。关注细小事物敏感期的到来，促使他们产生观察细小事物的欲望，并通过对生活中各种细节的观察，对所处的环境空间加深了解，这是孩子观察能力的开始。如果能够在这一敏感期对孩子进行合理的引导与训练，可以使孩子养成细心、认真的好习惯。

### 喜欢抓捏细小物品

1 岁半到 2 岁左右的孩子，除了处于关注细小事物敏感期之外，还同时处于手部精细动作发育的时期。在两种敏感期的综合促进下，孩子表现出爱抓捏细小物品的动作特点。捡豆子、捏碎纸屑等动作练习促进了他们的精细动作发育能力，也使他们对细小事物的细节观察更为仔细。

### 喜欢观察弱小的事物

爱看蚂蚁搬家的小远就属于这种情况。孩子们在进行仔细的观察时，还会突发奇想，对自己的观察对象进行操纵，比如为蚂蚁搬家的路途设置障碍，用一根小木棍拦住它们的去路等。

孩子在心智发展过程中，逐渐发现了自己的弱小以及成年人的强大。他开始明白自己的弱小无法改变，于是便会把注意力转移到比自己更加弱小的事物上。这些事物不一定都是有生命的东西，它们可能是小动物、小植物，也可能是小石子、小纸片等。孩子们对于弱小事物的喜爱，是出于保护或操纵的心理，因为他在发现自己的弱小无法与成年人的强大抗衡时，也发现了自己可以保护或者操纵比自己更加弱小的东西。

## 如何应对关注细小事物敏感期

当孩子的注意力转移到细小事物上，他们的关注细小事物敏感期便来临了。如果孩子不能够在这段时间得到心理上的满足，那么当关注细小事物敏感期的脚步渐行渐远之后，再来埋怨孩子马虎大意、不关注细节等问题，就为时过晚了。关注细小事物敏感期内，家长应该根据孩子的心理需求，做到如下几件事。

### 尊重孩子的敏感期需求

处于关注细小事物敏感期的孩子，热衷于观察细节或个体比较小的东西，这是出于对环境的微观观察与对小事物的保护与操纵心理。因此在这一时期，家长们不要对孩子的观察行为进行干涉，也不要以任何理由来阻碍孩子的观察与保护行为。

有些家长在孩子收集小物品时，认为孩子收集的这些小物品不卫生，于是悄悄地把孩子的"小宝贝"们丢弃掉。也有的家长在孩子观察小蚂蚁时，看到孩子趴在地上拿着小棍逗蚂蚁，怕孩子被虫子咬或者着凉，便急急地走过去将孩子抱走。这些行为无疑都会让孩子大为伤心。我们知道，让孩子拥有一个伤心的敏感期，是对孩子成长的最大伤害。因此在孩子关注细小事物敏感期内，家长们同样要做到尊重孩子的敏感期需求。

### 不要打扰孩子的观察过程

当孩子聚精会神地趴在小鱼缸前看小鱼游泳时，我们不能想象他的头脑中究竟在天马行空地想些什么。也许他在琢磨小鱼游泳时为什么要摆动尾巴，也许它在琢磨小鱼将食物吃到嘴里之后会不会像他吃饭的时候一样嚼一嚼，也许他在想小鱼"拉巴巴"的时候都不知道藏到一块石头后面，真不害羞。当然，我们确实无法理解孩子的想法，只能看到他们全神贯注的神情。

这个时候，我们最好不要去打扰孩子。打断他的思路或者强迫他结束观察，都是非常残忍的一件事。因为孩子在观察的过程中，甚至是在全神贯注地做一件事时，他们的整个身心都倾注在目标上，如果我们强行打断他的思路，会让他出现心理上的不安全感。很多6岁以上孩子的父母经常为自己的孩子做事不专心而头疼，甚至埋怨孩子不用心，但究其根源，在培养孩子认真专注的关键时期，是父母亲手打断了他们的专注，孩子没有养成好的习惯是父母造成的。

**为孩子提供观察的机会**

懂得利用敏感期的父母总是会教育出能力超群的孩子，这是由于敏感期内的引导与开发能够让孩子最大限度地发挥并挖掘潜能。

处于关注细小事物敏感期的孩子有着喜欢观察细小事物的兴趣，父母可以利用孩子的这一特点，多为孩子提供一些观察的机会。比如为他准备一些体积较小的玩具；在孩子喜欢抓捏细小物品的时候，为孩子准备一些小纸片；还可以家里养些小鱼、小花，让孩子多几个"好朋友"。此外，多带孩子到大自然中走一走，让孩子在大自然中找到观察的目标，是最为简单的办法。

**相信大自然的教育能力**

大自然从来都不会吝惜自己的爱，她用一颗包容的心为人们提供各种各样的给养。我们应该相信大自然的教育能力，当孩子真正融于大自然之中，他会发现这里面有着很多等待他们观察的细小事物。一个蚂蚁洞、一朵小花、一根小草、一片树叶、一条虫子、一只蜗牛……甚至天上的星星，都是他们观察的目标。孩子在大自然的怀抱中尽情地挖掘并释放着自己的潜能，在产生极大快乐的同时，他们也快乐健康地又长大了一些。

早教 Early Learning

家长对处于关注细小事物敏感期的孩子进行引导，一定要以孩子的目标为主，不要以自己所希望的目标为主。让孩子拥有观察的主动权，而不是被动地观察。这样有助于孩子保持观察的兴趣。

# 让孩子体会
## 自由观察的乐趣

孩子的观察欲望在关注细小事物敏感期表现得非常迫切，在进行观察时也非常反感受到外界干扰，因此家长应该尊重孩子的敏感期欲望，尽量满足他们的要求，给他们自由的观察空间。

当孩子专心地观察某个目标时，甚至对于父母认为有危险的小石子、小钉子等物品产生极大的兴趣时，父母不要武断地对他进行干涉或制止。任何保护工作都要做在幕后，在孩子面前最好做一个旁观者，不能当面以安全为由强行干涉孩子的行动。

对孩子的观察能力进行引导，不要过于刻意。不能为了让他认识某种物品便强行让他观察某种或某几种物品，这种做法不但事与愿违，还会影响孩子的观察兴趣。有些家长不认为孩子具有自由选择观察目标的能力，他们喜欢越俎代庖，替孩子选择目标。当孩子对小虫子、小蚂蚁产生兴趣，想到草地上进行观察的时候，家长却让孩子老老实实地坐在椅子上，塞给他们几个可以变形的小玩具，教他"研究"玩具的变形。当孩子对五颜六色的水泡产生了兴趣，想要吹泡泡时，家长却给他拿来一些图片，让他认识老虎与狮子。这种种违背孩子意愿的方法，无论初衷有着怎样的积极意义，都是不恰当的，会对孩子造成伤害并抑制敏感期发育。

当孩子在专心致志地做某一项"工作"时，不要总是用各种理由来分散他的注意力。有的家长在孩子玩耍时，总会不时地和他说话，要求他在中途去做某件事，打断他的思路。比如在孩子玩耍时让他吃东西、洗手、换衣服等，这是不正确的。即使孩子在玩耍过程中弄脏了自己，他也不会在意，他的注意力在手中的"工作上"，如果在忙碌的时候总是被叫去处理个人卫生，相信没有几个孩子会乐意做的。

处于敏感期的孩子需要自由与满足，让孩子用清澈的眼睛去自由地观察世界，想他所想，看他所看，这才是明智的父母所应该做的事。

# Part 06

# 文化艺术敏感期:
## 挖掘孩子的潜在能力

　　文化艺术敏感期是孩子对文化艺术学习产生浓厚兴趣的时期,一般萌芽于 3 岁,至 6～9 岁出现探究事物的强烈需求,即使父母为他们提供大量的资源,孩子也会消化吸收的。因此,父母应该为处于文化敏感期的孩子提供丰富的文化资讯,为孩子了解文化、提高素质、关怀世界打下良好的基础。

# 伴随音乐跳起来

**message 01**

音乐敏感期是螺旋发展的，虽然我们常说，音乐与绘画一样，都是孩子与生俱来的一种能力，但孩子的音乐敏感期的真正出现却是在 3 岁以后。

乐感是孩子与生俱来的，每个孩子都是音乐天才。但真正成为音乐家的人可谓凤毛麟角，甚至有很多人不具备音准，五音不全的遗憾陪伴终生。是谁将天才变成凡人？是谁将音乐精灵的翅膀收起，把他们拉入凡间的呢？

## 敏感期趣事 Example

### 我是小小舞蹈家

3 岁的迪迪正在随着音乐翩翩起舞，虽然爸爸妈妈并没有送她去学过舞蹈，她的动作也不具备舞蹈动作的美感，但那种随心所欲的大幅度动作，还是逗得爸爸妈妈止不住地开心。最近，迪迪总是会像今天这样，在音乐声响起的时候跳起舞来，有的时候，还拉着爸爸妈妈的手一起跳。就连走在路上的时候，听到路边的音乐声，她也会停住脚步，在原地旋转、起舞。

## ● 爸爸我要学钢琴

4岁的凡凡最近总是吵着要爸爸给自己买钢琴，这种"奢侈"的要求让爸爸妈妈很头疼，但凡凡的兴趣一直凝聚在钢琴上。在幼儿园的时候，她总是喜欢趴在老师的琴边聚精会神地听老师弹琴，还经常趁老师不备，用小手在琴键上按出单调的声音。每天傍晚，随爸爸妈妈回家的凡凡，在路过琴房时，都不住地回头，依依不舍。女儿的痴迷让爸爸妈妈很心疼，在咨询了老师之后，爸爸妈妈把凡凡送进了钢琴训练班。孩子的进步很快，短短的时间内，几首简洁明快的曲子便能弹奏自如了。

我要把这个破钢琴砸烂！

## ● 我要把钢琴砸烂

5岁的妍妍大喊了一声："我要把这个破钢琴砸烂！"然后气呼呼地走进房间，"咚"的一声关上了房门，被一个人丢在客厅里的妈妈止不住地哭了起来。爸爸回来后，妈妈向爸爸哭诉女儿的表现，爸爸对妈妈说："当初我不同意买钢琴，你说女儿是天生的音乐苗子，一定要好好培养。好不容易凑钱买了这台钢琴，你每天逼着孩子上学习班，没完没了地弹啊弹啊，一点玩儿的时间都没有，她才5岁呀，大人都受不了，更何况一个5岁的孩子！"

## ▶ 音乐敏感期的明显表现

孩子从很小的时候起，便喜欢在音乐声出现时转头寻找，在舒缓的音乐声中表现得非常安静。逐渐长大后，他们开始出现了能够跟随着音乐点头、跺脚、扭屁股的动作，也渐渐地开始对能够发出悦耳声音的乐器发生兴趣。3 岁以后，孩子的乐感不断增强，对于音乐的喜好越发明显地表现出来。

### 对音乐声有强烈的身体反应

很多父母在看到自己的孩子在音乐声中手舞足蹈的时候，惊喜地发现自己的孩子原来如此有音乐天赋！实际上，孩子确实是音乐天才，但这种天赋却并非自己的孩子独有，因为所有的孩子身上都有这种天赋。

孩子对音乐声做出反应，这是很正常的事。但 3 岁以上的孩子会在某一段时间出现前所未有的强烈反应。就像我们上面提到的小迪迪一样，每次听到音乐声都会手舞足蹈，甚至在路上听到音乐声也要停下来起舞，这种状态简直就像是痴迷了一样。每个孩子的反应都不尽相同，但身体反应较以往更为"强烈"，是孩子正式进入音乐敏感期的明显标志。

### 喜欢节奏变化较大的音乐

对比那些喜欢舒缓音乐的低龄孩子来说，音乐敏感期正式出现以后的孩子更喜欢层次感强、节奏变化较大的音乐。因为这样的音乐更能够让他们配合做出激烈的身体反应，同时也容易刺激他们对音乐的敏感。

### 对学习乐器产生强烈的欲望

对发出美妙乐声的乐器产生强烈的好感，并产生强烈的学习欲望。这也是处于音乐敏感期的孩子常有的一个表现。就像我们前面所提到的想要学钢琴的小凡凡，以及要砸钢琴的妍妍最早想学弹钢琴时一样。

## 如何在音乐敏感期开发孩子的音乐天赋

开发孩子的音乐天赋，最好在孩子的音乐敏感期正式到来之前便着手进行。由于孩子天生具有音乐潜能，并对音乐有着强烈的渴求，

因此最早的音乐教育应该从胎教开始。当出生后的孩子进入感官敏感期时，更应该尽可能地为孩子提供条件，让他通过感官功能来认识音乐，以及真实触摸到可以发声的乐器，在满足孩子好奇心的同时，也可以在很大的程度上调动孩子学习音乐的积极性。此外，父母在对孩子进行音乐天赋开发时，还应该注意以下几个方面的内容。

## 音乐素材以古典音乐为主

我们经常可以在公共场合看到有些孩子大声唱"情歌"，比如《两只蝴蝶》、《纤夫的爱》等，这些流行歌曲的节奏感相对较强，所以容易受到孩子的喜欢。但教育专家告诉我们，让孩子接受音乐熏陶，最好选择高起点的音乐，比如古典音乐，而流行音乐并不适合孩子的音域，因此家长们要注意避免。

## 主要训练节奏感

孩子对于曲调的熟悉程度，远不如对节奏的熟悉程度，因此在对孩子进行音乐训练时，要注意利用节奏训练来达到效果。父母可以在节奏感较强的音乐声中，多与孩子玩一些节奏感游戏，培养他的节奏感。比如边听音乐边告诉孩子节拍，并引导孩子边听音乐边拍手打节拍，或者让孩子用小棒跟着音乐做打击动作等。

## 为孩子找到音乐知己

我们都很熟悉"高山流水遇知音"的故事，酷爱音乐的俞伯牙与钟子期邂逅，成为音乐上的知己，钟子期去世后，俞伯牙在他的坟前弹奏了一曲高山流水，而后将心爱的琴摔碎，从此再不弹琴。这个古老的故事，将音乐与知己紧紧联系在一起。

需要知己的并非只有音乐家。进入音乐敏感期的孩子在进行音乐学习时，也同样需要一个可以互相"探讨"的知己，如果家长本身不具备这方面的能力，而孩子进行音乐学习的欲望特别主动而强烈，在年龄与身体发育情况许可的情况下，家长可以尝试着让孩子参加一些专业学习，在那里，会有老师与一些"志同道合"的小伙伴与他"并肩"学习。

## 不要让孩子过早学习乐器

乐器主要通过手指的动作来实现其功能，而年龄太小的孩子手指骨骼发育还没有完全，如果强行进行乐器学习，容易影响发育，造成终生的遗憾。如果有必要让孩子进行乐器学习，最好将时间推迟到4～5岁之后。这时他的脑功能、手指发育、动作灵敏度及手脑协调性都达到了一定的高度，这时再进行乐器学习，不会对其发育造成任何影响。

## 不要强迫孩子进行专业学习

有些家长在发现孩子的音乐敏感期到来时，被孩子强烈的学习欲望所感染，产生了强烈的"星梦"冲动，认为自己的孩子是天生的大明星，因此头脑发热地斥巨资为孩子购买乐器、聘请老师或者送进专业音乐学习班。本来天真烂漫自由享受音乐的孩子，突然像被关进了牢笼，不能玩耍，不能按照自己的想法去感受音乐，只能每天被牢牢地钉在乐器面前，不停地练啊练啊。稍有松懈，一旁正做着"星梦"的爸爸妈妈便会搬出"吃得苦中苦，方为人上人"的古训，甚至还要拿出戒尺抽一抽小手掌以示惩罚。

就这样，孩子那需要自由空气的音乐敏感期被加入了痛苦的"酷刑"，变得不再自由，也不再具有吸引力了。就像我们所提到的妍妍，她原本对钢琴是那么热爱，但"紧箍咒"一样没完没了逼着她学琴的妈妈却让她对钢琴由爱生恨，甚至喊出"我要砸烂这台钢琴"的心声。所以，我们还是应该把自由与尊重还给孩子的音乐敏感期，不要强迫他做任何他不愿意做的事。

## 注意鼓励和激发孩子的学习热情，不能进行任何打击

敏感期内的孩子也许不需要引导，不需要启发，不需要鼓励，不

需要奖赏，但他们需要支持与保护。音乐敏感期内的孩子年龄比较小，语言功能尚在不断发育之中，对音节、音准、节奏的掌握都需要缓步进行。此时，孩子所唱的歌有可能有这样或那样的不足之处，演奏出的曲子也不一定连贯，甚至带有杂音，但需要我们注意的是，孩子一直在努力完善之中。

如果在这种时候，作为家长的我们嘲笑或者讽刺他，他就会受到强烈的打击，从而对音乐失去兴趣，这种伤害甚至会伴随他一生。而受到积极鼓励的孩子，即使表现并不能令人满意，他也能更加坚定学习下去的信心，即使他这一生不可能以此为业，他也将最终拥有这个陪伴他一生的好朋友。

**早教 Early Learning**

每一位家长在对孩子进行音乐敏感期教育时都要保持一颗平和的心。并不是每一个孩子都能成为音乐家，而巨大的心理压力却足以摧垮一个音乐家的信心。如果抱着一颗"孩子一定能成为音乐家"的坚定信心去对孩子进行敏感期教育，那么最终的结果，极有可能是"希望有多大，失望就有多大"。

## 孩子是天生的绘画大师

孩子生来便具有绘画的能力，绘画是孩子表达自我的方式之一，所有的孩子在 6 岁之前都会经历绘画敏感期，如果孩子在 6 岁之前没有握过画笔，那么他便很难在绘画上有所成就。

几乎所有的父母都会记得，自己的孩子在 2 岁之后，都曾有那么一段时间非常喜欢拿着笔乱画，虽然在我们看来，他的画并没有什么规律，但孩子解释起来，却总有着动听的故事。

### 敏感期趣事 Example

#### 月月的抽象画

妈妈在做午饭，2 岁半的月月突然拿着一支笔，举着一张纸跑进厨房，大声地说："妈妈，看小孩儿捞面条。"妈妈赶快转过头来看了看，在那张纸上，画着一团乱糟糟的线条，别的什么也没有。妈妈问："这是什么？"月月说："小孩儿捞面条。"妈妈赶忙停下手里的活儿，把火关掉，拉着月月的手，拿着那幅画走出了厨房。妈妈假意说："哎呀，厨房里的油烟太大了，我都没看清我女儿画的画，妈妈到客厅仔细看看。"月月满怀希望地看着妈妈。妈妈盯着那幅画看了看，故意很认真地说："哦哦，看出来了，这一团线就是一碗面条嘛，面条就是像一团线一样嘛，画得真好呀！咦，小孩儿在哪儿捞呢？"月月听妈妈说她画得好，高兴极了，赶忙抢过妈妈的话说："妈妈，这呢，他把面条捞这么高。"妈妈顺着月月的小手指看过去，仍旧没发现那一堆

线条里哪里有个小孩儿，也压根儿没看出哪条线像筷子，但还是假意惊讶地说："哎呀，真的呀，月月一说，妈妈才发现，真的是一个可爱的小娃娃在捞面条呢，太漂亮了！"月月高兴地跳起来："妈妈，我画小孩儿吃饼。"说完，月月又跑进房间去画画了。

## 墙壁上的图画

小宇家的墙壁上被他画了一整圈的铅笔画，图画五颜六色的，但能够看出内容的却很少。他喜欢在这边画几笔，又在那边画几笔，有时画个小圈，有时点个小点，有时一条线围着房间的墙壁画好长好长，喜欢干净的妈妈对小宇的行为痛苦极了。有一天，小宇又在墙上"作画"，妈妈看到后，气呼呼地冲过去想把他拉开，没想到被小宇的爸爸

三个孩子都处于绘画敏感期，家长一定要注意保护并挖掘孩子的绘画潜能。

拦住了。爸爸看着儿子的"作品"说："我觉得咱们家的壁纸很漂亮，这都是我儿子亲手画的图画，到哪里都买不到，又好看又珍贵。"小宇听到爸爸的话，高兴了起来，画得越发起劲儿。妈妈这下生气了，她大声说："你们爷俩就气我吧，把家里的墙弄这么脏，我非得把壁纸换掉不可，以后要是再画成这样，我肯定会打你屁股的。"小宇有点儿害怕了，他用乞求的目光望着爸爸，爸爸拿过几张纸，安慰他说："不要紧儿子，妈妈在和你开玩笑呢。去，画一幅画给爸爸看，嗯，就画你刚才画的那个，爸爸很喜欢，可是画在墙上爸爸收不起来，你在纸上再画一遍。"爸爸趁儿子画画的时候，悄悄把妈妈拉进房间，严肃地对他说："再漂亮的壁纸，也没有孩子的绘画敏感期昂贵。"

## ● 画张年画好过年

要过年了，妈妈给岳岳讲了自己小时候买年画的事，还讲了自己对杨柳青年画的印象，这让5岁的岳岳兴奋起来。岳岳拿出自己的画笔盒，又拿出自己在幼儿园画图画用的硬纸，兴致勃勃地画了起来。一直画了很久，岳岳才停下来，他把那幅画拿给爸爸妈妈看，画上画着一条美丽的大金鱼，它有着大大的眼睛、红红的尾巴和金黄色的鳞片。爸爸接过金鱼画看了看，笑着说："这哪是金鱼，这像个玉米啊！"小岳岳有点儿生气地从爸爸手里把画抢回来，又拿给妈妈看，妈妈看了看，金鱼身子画得胖乎乎的，鳞片上涂的是黄颜色，看上去确实像个玉米，但妈妈却没有这么说，她换了一种说法，表扬岳岳说："这张画画得非常好，一看就是为了春节画的。这幅图上有两句吉祥话，一句是'五谷丰登'，一句是'连年有余'。嗯，春节的时候咱们贴在墙上做年画。"小岳岳听了，高兴地"撒起了欢儿"，他决定，再去为春节画上几幅，到时候让妈妈贴满墙。

## ▶ 绘画敏感期的明显表现

上述几位热爱绘画的小朋友，有着进入绘画敏感期的典型表现。

确切地讲，绘画敏感期从 1 岁多便开始了，只是那时的"绘画"是手部动作发育时的无意表现，直到 2 岁左右，真正的绘画敏感期才正式到来。像所有的敏感期一样，根据孩子年龄的不同，绘画敏感期同样有着阶段性的特点。下面让我们来看一下进入绘画敏感期的孩子有哪些明显表现。

## 无意识乱涂

1 岁多的孩子喜欢抓着一支笔乱涂乱画，涂画的过程让他们感觉到无穷的乐趣。如果强行将他手中的笔拿走，孩子会哭叫反抗。事实上，如果一定要将这个阶段定义为绘画敏感期，也只能属于敏感期到来的前奏而已。因为在此时，孩子正处于手部动作发育的敏感期，他们的涂画动作是源于对手部握笔功能的发现，孩子的每一个发现都是一种惊喜，发现手部的握笔功能时也一样，当他发现一支笔被握在手里，手稍稍移动便能画出痕迹来，快乐的心情会促使他们对这个动作乐此不疲。

## 喜欢画"抽象派"图画

正式的绘画敏感期在 2 岁多开始出现，由于此时孩子对于环境与事物的认识能力十分有限，因此他们所画的图案多是一些让人难以理解的线条或符号，用来代替他们想要表达的人或事。月月的"抽象画"小孩儿捞面条，便是这一时期孩子的绘画"代表作"。

## 热衷于画各种事物的轮廓

3 岁多的孩子喜欢画的图案较处于"抽象派"时期的孩子有了很大进步，这一时期他们所画的图案大多是轮廓完整的形状，圆形、三角形、四边形等已经能够被区分出来。此时，他们的视角十分独特，画出来的物体或人物与现实生活中的状态不同，大多只具备基本的外形，细节方面非常粗糙，有时一张脸上只画一只眼睛，有时头的下面就画脚，有时一块小手帕也会长着一张嘴。可以说，这一时期孩子画出来的画会让人感觉很有创意。

### 绘画风格开始倾向于写实

当孩子的绘画敏感期进行到 4 岁多时，他已经能够对自己的画做细节上的修饰了，人相脸上五官清晰，甚至会画出长长的睫毛，物体图案各部分齐全，甚至会画上相应的装饰品。他们的着眼点已经进入了轮廓之内。这与他对周围环境与人的了解和认识有着很大的关系。

把金鱼画成玉米的岳岳，就是在绘画时着重突出了鱼鳞，当他把鳞片的轮廓勾勒出来，并用黄颜色加以填充之后，整条鱼的视觉中心便被集中在了明亮的黄色上，所以才会被爸爸称作"玉米"。这种有趣的作品在孩子们中间层出不穷。

### 6 岁以后的孩子仍有绘画热情

即使到了 6 岁以后，孩子的绘画敏感期已经结束，大多数孩子对于绘画的热情仍然会继续存在。但这时，他们已经掌握了相对较多的技巧，对于周围的事物也有了更多的看法，因此他们已经开始尝试着用画笔去表达他们的看法，而不仅仅局限于形状的绘画了。

## ▶如何保护并发掘孩子的绘画潜能

保护并挖掘孩子的绘画潜能，同样要求家长能为他们营造一个积极向上的生活空间与自由的氛围。

### 不打断孩子的绘画过程

当孩子在"绘画"时，像孩子的所有敏感期一样，父母要尽全力做好孩子敏感期内新功能的开发与练习。沉浸在绘画乐趣之中的孩子为了画好一幅画，能够长时间聚精会神。但如果此时父母总是对他进行打扰，他的思路就会被打断，这会让他感觉很受伤。有些父母习惯于在孩子专心做事时不停地打断他的思路，这种做法会严重阻碍孩子的敏感期发育。

### 满足孩子的绘画欲望

处于绘画敏感期的孩子对于绘画的热情空前高涨，他们喜欢走到

哪里画到哪里，手触到哪里便在哪里画，哪个高度最得心应手便在哪个高度画。因此墙壁、家具等物品便经常"惨遭"涂画，让家长火冒三丈。许多家长为了预防这些现象的发生，甚至禁止孩子绘画。在家长看来，禁止孩子的捣乱行为是为了让他们学会规矩。但事实上，孩子的捣乱行为更多地来自敏感期的学习欲望，如果这种欲望被强行禁止，对于孩子的成长来讲，是一种极不人道的、残忍的行为。

我们前面所讲到的爱在墙壁上绘画的小宇，便把家里的墙壁涂画得乱七八糟，甚至于让妈妈几乎想要把壁纸重新换掉。换掉壁纸就意味着小宇的绘画行为将要被彻底禁止，因为妈妈是不会允许小宇继续在新壁纸上"胡闹"的。幸好小宇有一位明白儿童成长规律的爸爸，他保护了小宇的"绘画权"，并对小宇的妈妈表明了他的观点——没有什么比孩子的敏感期更昂贵。

**倾听孩子作品中的故事**

虽然孩子的作品让我们摸不着头脑，但他讲起其中的故事却津津有味。在这种时候，如果我们不能把这美好的故事与作品本身挂钩，至少应该保持微笑，对他讲的内容保持一种非常感兴趣的表情，这也会增加孩子的成就感。像月月妈妈那样，虽然并不能看懂孩子的画，但仍用非常积极的态度与孩子共同就其作品进行"探讨"，这是最难能可贵的。

**按需指导，以孩子的需要为主体**

为了促进孩子的绘画能力，父母可以为孩子提供一些及时的引导。但是，对于处于绘画敏感期的孩子，父母在绘画技巧引导方面应该按需进行。也就是说，如果孩子需要某方面的帮助与指点时，父母才可以为他提供相应的帮助。

父母主动对孩子提供全面的"技术支持"，并非一种明智的做法。因为在这个阶段，孩子的绘画能力会随着年龄的增长不断提高。在绘画的同时，孩子也会有自己独特的、符合年龄特点的判断力。而他们的思维方式还远远不能与成年人相提并论。因此，父母按照自己的理解能力去要求孩子的理解能力，是不恰当的。因为在孩子的眼里，父母的想法过于"离奇"，反而是"不切实际"的。

父母的"自以为是"会影响孩子的热情，或者让孩子迷失在正确与错误之间无法分辨，当孩子的思想陷入难以理顺的境地时，他们很可能就成为敏感期的"逃兵"了。

### 只夸不批，保护孩子的绘画热情

当孩子的作品让父母难以理解，或者根本便严重"离谱"时，父母一定要管住自己的嘴，千万不要对孩子的画作品头论足，并加以批判或嘲笑。孩子的任何一份画作都渴望获得掌声，因为他们对自己的每一幅画都有着莫大的成就感。他们渴望获得肯定，而这种肯定也是他们继续热情的推动力。只有热情不断地保持下去，他们才会有成长的机会。如果热情在中途消逝，成长的机会也就错过了。

前面我们所提到的小岳岳的爸爸，就差一点犯了大错。他把儿子辛苦画出来的鱼评价成"玉米"，还特别指出"不是鱼"，这让小岳岳很受伤。幸好聪明的妈妈将孩子的"伤口"抚平了，她高度评价了小岳岳的作品，并且告诉儿子，自己在他的作品中看到了两种吉祥的祝福，一个是连年有余（鱼），一个是五谷丰登。她把爸爸做出的"玉米"的评价，巧妙地转为了"吉祥话"，并且积极要求在春节时将这幅图画贴在墙上。在这种高度的肯定下，小岳岳的热情瞬间恢复了。但如果没有妈妈的这番话，小岳岳是不是还有勇气继续画下去，我们便不得而知了。

# 书写与阅读
## 让孩子受益一生

**03**

message

书写与阅读敏感期是继孩子身体、语言、动作等敏感期之后出现的。在这一敏感期内，如果孩子得到了充足的学习，书写与阅读能力会自然而然地产生。

书写敏感期与绘画敏感期几乎是同时出现的，因为孩子最早的绘画与书写行为，都是毫无目的地涂画一些没有意义的线条或黑点。但书写敏感期的正式出现要比绘画敏感期晚，直到3岁半左右才姗姗来迟，阅读敏感期正式到来的时间更晚，要一直等到孩子4岁半左右。

### 敏感期趣事 Example

### 被窝里的签名

自从彬彬学会了写自己的名字之后，家里的每一个地方随处可见他那歪歪扭扭的笔迹，甚至连被挡在桌子下面的墙壁也没有放过。昨天晚上，妈妈给彬彬铺好床后去给他放洗澡水，可是叫了他好半天，他才光着小屁股跑进卫生间，两只小手上全都是水彩笔的颜色。等到妈妈把彬彬洗得干干净净，用毛巾包着抱进卧室，掀开被子想要把他放进被窝时，却看到被子下面的床单上，写着两个大大的字：彬彬。

### 龙龙写字

龙龙过几天就要成为小学生了，妈妈正在为他的写字犯愁。龙龙写的字一个个张牙舞爪，一点儿也不规范。妈妈为了让他写好字，每

处于书写与阅读敏感期的孩子具有强烈的书写和阅读欲望，家长应帮助孩子养成良好的书写与阅读习惯。

天费尽了口舌，可到头来仍旧是横不平竖不直。那天，经常出差的爸爸终于有时间坐下来看看儿子写字，每天都要被妈妈批评得手足无措的龙龙一边用眼角的余光悄悄观察着爸爸的脸色，一边慢慢吞吞地写着。爸爸在一旁饶有兴致地看着，一点儿也不像妈妈那样气呼呼的。龙龙的心开始踏实下来，写完后，便把字拿给爸爸。爸爸盯着龙龙的字看了很久，然后拿过龙龙的红色水彩笔，在一个"花"字上面画了个圆圆的圈圈。爸爸对龙龙说："这个字的草字头写得非常棒，而且你在写这个草字头的时候，也特别认真，比写别的字时都认真。下面的这半部分也很漂亮，就是写得有点儿小，要是把它写大一点儿，那么这个字就非常帅气了。"听了爸爸的话，龙龙认真地又将这个"花"字写了一遍，爸爸高兴地喊妈妈来看。妈妈很纳闷儿，怎么每天都乱七八糟的字，今天还能挑出漂亮的了呢？爸爸狡黠地笑了。从那以后，龙龙的字越写越好了。

● 娟娟读书

娟娟捧着一本书，对小伙伴说："我会读书我会读书。"小伙伴们安静下来，眼巴巴地看着她。只见娟娟咳嗽了一声，把身子坐端正，严肃地打开了手里的书，嘴里开始嘟囔起来。一边嘟囔，还一边忍不住地开始摇头晃脑。小伙伴们面面相觑，她这是读的什么？书是这么读的吗？她读得对吗？谁都给不出答案，只好眼巴巴地看着娟娟不停地嘟囔。

## 书写敏感期的表现

上面的几个孩子都处于书写与阅读敏感期，他们的一些表现非常具有代表性。处于书写与阅读敏感期的孩子，有非常明显的书写与阅读欲望，下面让我们共同来探讨一下书写与阅读敏感期的孩子可能出现的一些表现。

### 喜欢拿着笔乱画一些符号或线条

如果说孩子最初在练习握笔功能时无意间的信手涂画以及 2 岁后有意识地画的线条与图画属于绘画敏感期前奏的话，那么它也应该属于书写敏感期的前奏，因为绘画与书写具有一个共同点，那就是都要依靠手来操作笔完成。因此孩子的书写敏感期与绘画敏感期有一个共同的前奏性表现，那就是孩子喜欢用笔乱画一些让人看不懂的线条或符号。

### 喜欢写自己的名字

几乎每个孩子在开始进行有意识的书写时，都会问爸爸妈妈："我的名字怎么写？"写自己的名字，不仅是孩子学习书写的过程，也是认识自我的过程。孩子终于可以将自己与文字联系在一起，这在他看来是一件十分新奇的事情。因此他很喜欢"炫耀"。

### 喜欢把所有的平面都当做自己的书写纸

对于处于书写敏感期的孩子来说，所有的平面都是他的书写纸。墙壁、桌面、床单、窗帘等所有他能够书写到的地方，都有他的"笔迹"。因为这是他们渴望展示、渴望获得认同的时期，他们需要来自成年人的认同，促使他们产生更大的书写热情。

## ▶ 阅读敏感期的表现

### 不断地要求成年人为自己读书、讲故事

孩子的阅读敏感期同样有前奏时期，在这段时期，他们甚至根本不识字，无法亲自阅读，因此便不断要求成年人为自己阅读。两三岁的孩子常常要求爸爸妈妈为自己讲睡前故事，或者喜欢家里有读书的声音，倾听的过程恰是孩子的语言能力及阅读能力积累与提高的过程。

有些孩子虽然自己不会读书，但已经知道从什么样的书中能找到什么样的细节，因此当爸爸妈妈需要用哪方面的知识来为自己"解惑"时，便会主动指引父母使用哪一本书籍。这表明阅读在他的心目中已经具有了一定的地位。孩子在听大人给自己读书时，喜欢趴在大人身边看书中的内容，尽管他并不识字，但他却对"阅读"的动作以及书中的图画非常感兴趣。这都是阅读对孩子的吸引力。

### 自己拿着书，模仿大人读书时的语气或神态朗读

随着年龄的增长，孩子已经不能满足于"听"阅读了，他渴望自己亲自阅读。这时，他那"超强"的记忆力派上了用场。那些被无数次阅读过的故事书，孩子现在已经可以煞有介事地打开，手指着一幅幅图片将故事原封不动地"读"出来了，当然，他的"读"实际上是在复述留存在记忆中的内容，而不是按照文字进行阅读。

当孩子"阅读"时，每当遇上爸爸妈妈阅读时曾经使用特别的语气或者神态的部分，他也会模仿爸爸妈妈当时的语气和神态进行"朗读"，非常可爱。特别值得指出的是，此时的孩子不仅对自己已经熟悉的书感兴趣，即使是对自己根本不熟悉的书，他们也有特别的兴趣。不要以为不认识内容就可以难倒孩子，他们仍旧可以面无惧色地当众进行朗读。就像我们前面提到的小娟娟，不识字不怕，没听过内容也不怕，她用一种连自己都不懂的"语言"嘟嘟囔囔地开始当众朗读，甚至还配合丰富的表情，丝毫没有慌乱的神情。

**经常捧着书看个不停**

4 岁半左右是孩子阅读敏感期的正式开始，这一时期，孩子通过日常生活中或刻意或无意的积累，已经拥有了一定的词汇量，对于一些简单的幼儿图书已经能够进行初步阅读。因此在这段时间，他们常常拿着一本书读好长时间，神情专注，丝毫不知疲倦。而孩子的阅读习惯，也开始逐渐成形了。

## 如何帮助孩子养成良好的书写和阅读习惯

书写与阅读敏感期来得相对较迟，它们的正式出现主要依靠孩子在语言、感官及动作敏感期内所得到的丰富积累，因此前期的非正式敏感期显得尤为重要。而尽早地帮助孩子养成良好的书写与阅读习惯，对于孩子今后的学习态度与能力都会起到决定性的作用。

**帮助孩子养成良好的书写习惯**

帮助孩子养成良好的书写习惯，最重要的就是要让他体会到成就感。就如同处于绘画敏感期的孩子一样，成年人不能因孩子将一些乱七八糟的线条称为"字"而嘲笑和讥讽他，因为孩子的年龄决定了他的认知能力及心智水平，即使是这简单的线条，也是他刚刚才发现的一种全新的表达方式，而这种表达方式带给他的乐趣是巨大的，不容否认的。

随着时间的推移，孩子的认知能力不断发展，识字量开始增加，当他们终于可以正确地将字写出来的时候，这是他们的一个巨大的成就。因此他们喜欢炫耀，并且不分场合地进行炫耀，他们将自己的字写到所有可以写字的地方，将所处环境弄得一塌糊涂。在这种时候，父母应该理智地对待孩子的行为，绝对不能以严厉批评的方式来制止他们的"破坏行为"，否则制止的就不仅仅是他们的"破坏性"，他们对写字的热情也一同被制止了。那么，我们就这样任由孩子乱写乱画下去，让他所处的环境全部被画得一团糟吗？其实大可不必担心。智慧来源于生活，只要父母肯动脑筋，总会想出好的应对办法来。比如下面这位母亲的办法就非常不错。

小明亮握紧一支笔，在墙上写下了自己的名字"明亮"，他写了好几遍，终于有一遍是他自己满意的了，于是他大声地叫妈妈来看。妈妈走到他身边，看到雪白的墙上被写了好多黑字，心里别提多郁闷了，但她却没有在小明亮面前表现出来。

妈妈先是故作惊喜地说："我儿子能把自己的名字写得这么漂亮啦！哦哦，写了好多遍呢，这个是最漂亮的，对不对？"小明亮听到妈妈的表扬，高兴地说："是啊是啊，我写了好多遍，这个最漂亮。"这时，妈妈假意很遗憾地说："唉，我儿子第一次把名字写这么漂亮，如果能保存起来就好了，这样我儿子长大以后也可以看到自己小时候写的字，可现在，没办法保存了，真可惜。"听了妈妈的话，小明亮也觉得这是个大问题了，"这可怎么办呢？"他问妈妈。妈妈假意想了想，对他说："这样吧儿子，妈妈给你准备一个漂亮的小本子，你再写的时候，就把字写在本子上，写满后咱们换一个本再写，这样，儿子写的所有的字，妈妈都可以保存下来啦！""嗯！妈妈真聪明，快给我拿小本子呀，我要妈妈存好多好多明亮的字！"小明亮欢呼起来，从此再也不在墙上写字了……

当然，让爸爸妈妈头疼的现象不止乱写乱画，孩子不认真学字，也是书写练习过程中的一个难题。有些孩子的惰性较强，写字时不认真，字迹非常乱。在开始学字时就不能养成好的书写习惯，对于以后的正式学习会产生严重的影响，因此有必要将孩子的惰性纠正过来。

还是我们一直以来坚持的观点，纠正孩子的惰性，同样不能用批评嘲讽等极端的方式。可以学学我们刚刚提到的龙龙爸爸，他在龙龙不认真写字的时候，使用了和龙龙妈妈完全不同的方法。龙龙妈妈总是想要让孩子屈服于自己的"威严"，但龙龙爸爸却不是。他圈出了龙龙所写的一个字的偏旁，大加赞扬，并趁龙龙高兴的时候，巧妙地以

鼓励的方式指出了字面结构不合理的问题，结果龙龙很高兴地进行了改正，以后再写字的时候也认真多了。

## 帮助孩子养成良好的阅读习惯

阅读敏感期具有与其他任何敏感期都不同的特点。其他的敏感期都会随着孩子年龄的增长主动到来，而阅读敏感期的到来却需要受到前期充分的阅读刺激，否则它正式到来的时间会大大延迟，甚至有可能根本不会到来。而与此相对应的是，如果孩子能够早一点接触书籍，那么他的阅读敏感期正式到来的时间就会提前。因此，对孩子进行敏感期前的阅读刺激，让孩子早一点接触书籍，这对于阅读敏感期的早日到来尤为有益。

为幼儿选择书籍，要注意内容的轻松，比如一些充满童趣的童话书等，当孩子的兴趣被调动起来之后，爱上书籍、爱上阅读是必然的结果。当孩子的年龄稍大些，可以为他选择一些有引导作用的图书，比如引导孩子培养正确生活习惯的童话，引导孩子培养有礼貌行为的故事书等。这些书籍可以在吸引孩子热爱读书的同时，让孩子因偶像的感召力量而督促自己养成良好的生活及行为习惯。

对于一些不爱主动读书的孩子，我们在帮助他养成良好的阅读习惯、激发他的阅读兴趣时，可以利用他们渴望奖励的"特点"，将阅读上升到"奖品"的高度，作为"乖宝宝"的大奖"颁发"给孩子，这会让他们更加渴望阅读时间的到来。

早教 Early Learning

不要过早地为孩子选择一些名著进行阅读，目前市场上有一些根据名著改编的儿童版本，具有较强的商业性，并不完全适合孩子（尤其是幼儿）阅读。

# 孩子迷上了数数

04 message

由于个体的不同，数学敏感期出现的时间相差 1 ~ 2 年都是很正常的，但数学敏感期出现的早晚与数学能力的发展速度之间没有必然的联系。敏感期出现较晚的孩子，其数学能力的发展不一定会比敏感期早出现的孩子差。

孩子是否会数数，不代表孩子是否进入了数学敏感期。大多数孩子在 2 岁便学会了数数，但数学敏感期的到来普遍在 4 岁左右，到 5 ~ 6 岁时达到高峰。

## 敏感期趣事 Example

### ● 读车牌

汤汤最近很喜欢读车牌号，每次路过一辆车，他都会认真地把车牌号码读出来，有时车开走了，根本没看清车号，汤汤还会急得大叫起来。汤汤对车牌号如此痴迷，这让他的爸爸妈妈觉得十分纳闷，但儿子喜欢，爸爸妈妈就尽量满足他的愿望。于是爸爸每天晚上带他到家附近的酒店门口转上一圈，让他把所有的车牌号都读一遍，然后再带他回家睡觉。

### ● 每人三块糖

春节的时候，昊昊自告奋勇，要为大家发糖。他先查了一下家里的人数，爷爷、奶奶、爸爸、妈妈，再加上昊昊，一共 5 个人。

● 三个孩子都处于数学敏感期。

开始的时候，昊昊想要每人分给 3 块糖，可是最后剩下了 2 块，他放到自己面前了，大家表示不满意，说他没分好，自己的比别人的多。昊昊听见大家的批评，赶快又把所有的糖收回来，重新进行分配。

## ● 突然爱上计算题

黎黎突然爱上了计算题，这让妈妈有些意外。中午吃饭的时候，小黎黎帮妈妈端饭，嘴里一直在唠叨："爸爸一碗、妈妈一碗、黎黎一碗，一共三碗。1+1+1=3。"晚上看电视的时候，黎黎给大家发水果，仍旧在唠叨："爸爸不喜欢水果，吃一块儿，妈妈最喜欢水果，吃两块儿，黎黎也喜欢，吃两块儿，一共五块儿。1+2+2=5。"还没有上小学的黎黎突然爱上了计算题，这是怎么回事儿呢？

## 数学敏感期的明显表现

进入数学敏感期的孩子，其数字的敏感规律一般为：数名、数字、数量、书写数字、数的序列及数的运算。比如在上面的几个故事中，小汤汤恰好处于对数字感兴趣的时期，小昊昊处于对数量感兴趣的时期，小黎黎正好处于对数的运算感兴趣的时期等。下面我们来具体看一下孩子进入数学敏感期的明显表现。

### 对数字之间的关系产生兴趣

进入数学敏感期之前的孩子，对于数字与数字之间的联系没有任何兴趣，他们即使早已能够数数，但仍旧是机械性质的，只是为了数而数，根本不顾及数字之间是否有关联。比如他们会在数完 20 后直接说 91、92……

当孩子进入敏感期之后，这种情况便不复存在了。进入数学敏感期的孩子开始学着与成年人进行数字游戏，由简入繁，不断掌握数字之间千丝万缕的联系。上文中我们提到过的小昊昊，正是在为全家人分糖的过程中，感受着不同的分配方法所带来的乐趣。

### 热衷于做加减法

加减法是研究数字间关系的最好办法，比如一个比另一个多多少，另一个比这个少多少，几个数字凑在一起有多少等。同样是在感受数字之间的关系，但大多数的孩子会喜欢用反复做加减法的方式来进行深入的了解。比如我们前面所提到的爱上计算题的小黎黎，便恰好是有这一特点的孩子。

### 喜欢分类组合

尽管分类组合并非学龄前儿童应该掌握的内容，但这一时期的孩

子却已经有了明显的分类和组合的能力，他们喜欢严格地将事物进行分类，并分别汇总。在这个过程中，他可以掌握不同种类物品数字之间的差距与联系。

## ▶ 促进孩子数学能力的方法

对孩子进行合理的数学敏感期开发，是促进孩子数学能力发展的需求。在生活中利用数学敏感期对孩子进行数学引导时，应该注意以下几个内容。

### 从小培养孩子对数学的兴趣

像阅读与书写敏感期一样，想要让孩子拥有更有效率的数学敏感期，应该从小便对孩子进行数学熏陶，让孩子始终生活在有数字包围的环境之中。

根据专家的结论，婴幼儿时期是数学能力开始发展的重要时期，在3岁前经常接近数学的孩子，他的思维能力发展起步更早。

为了让孩子能够配合大人的想法进行数学练习，父母最好通过游戏的方式吸引孩子参与。比如为宝宝唱有数字内容的儿歌，并配合图片、实物、手势、动作和表情，让孩子更为形象、直观地感受到儿歌的内容。还可以和孩子一起玩儿抓握的游戏，当孩子成功抓起某件物品时，要向他强调他抓到的个数，比如："哇，宝宝抓到了一个大苹果！"

### 在生活中选材，让孩子做看得到的数学题

孩子的数学概念大多是通过实际的操作而获得的，在实际操作的过程中，应该特别注重教育材料的选择。对于孩子来说，最能够让他们快速了解的物品是真实存在并随时可见的。过于抽象的、需要付出一定的想象力才能想到的物品对处于数学敏感期的孩子没有任何帮助，反而会将孩子的思绪弄得一团糟。

具体来讲，在我们与孩子通过游戏或问答的方式进行有关数学方

面的沟通时，所列举的材料应该为真实可见的材料。例如：在教孩子理解数与数之间的组合时，可以准备 3 个苹果和 2 个桃子，让他明白因为自己有 3 个苹果和 2 个桃子，所以可以说自己有 3+2=5 个水果。需要注意的是，一些过大、过重、过尖的东西不应该被选择，材料首选无尖角的重量较轻、颜色亮丽的物品。

再例如：在教孩子了解数与数之间的组合及其关系时，可以利用生活中的场景来进行问答。妈妈可以问孩子："我们家现在有三口人，如果爷爷奶奶来了我们家，家里会有多少人？"孩子会很愿意算出 3+2=5 这个结果。还可以问孩子："爸爸先吃了 2 碗饭，又吃了 1 碗饭，一共吃了几碗饭？"，"明明吃了 3 粒花生，妈妈和爸爸每人吃了 2 粒花生，大家一共吃了几粒花生？"

## 数学敏感期不能强行催生

孩子的数学敏感期实际到来的时间有早有晚，有些孩子不到 4 岁就出现了数学敏感期，有些孩子一直到上小学也没有出现数学敏感期。敏感期出现较晚的孩子家长为了让孩子能够适应学校的教学要求，采用各种办法"刺激"数学敏感期的到来。有的家庭选择让孩子进数学兴趣班，有的家庭对孩子的数学学习采用"高压政策"，强迫唤醒孩子的数学敏感期。

但事与愿违，所有采用非正常手段唤醒数学敏感期的家庭都发现了由此带来的弊端。孩子的敏感期需要自由的气氛与空间，在这种强制性的唤醒过程中，孩子的数学敏感期还未出现便感受到了巨大的心理压力，许多孩子因此厌恶数学学习，这将是影响他们终生学习兴趣的一个巨大的遗憾。

所以，我们应该陪孩子平静地等待数学敏感期的到来。并相信敏感期出现的早晚并不会影响孩子的数学能力综合发展。孩子在敏感期内具有强大的爆发力，一个比其他孩子的数学敏感期晚一年出现的孩子，他的数学能力提高速度有可能在一个月之内赶

超上敏感期出现较早的孩子。这是因为孩子的逻辑思维能力并不是随着数学敏感期的到来而到来，它是随着年龄的增长而不断完善的，敏感期出现较晚的孩子，当他的敏感期出现时，他已经具有了相对较强的逻辑思维能力，因此在正确的启发下，能够出现快速的进步。

早教 Early Learning

　　培养孩子的逆向思维也是进行敏感期数学能力训练的好方法，如果孩子能够掌握用逆向思维来组合和分解数字，就可以证明他的认知能力获得了新的提高。

# 不要让孩子
# 太早学习写字

现代的父母望子成龙、望女成凤，总希望自己的孩子能够"赢在起跑线上"，因此总会采用一些强行启发的方式，想要人为地提高孩子的心智发育水平。

3岁的孩子被父母强迫着学写字，早已不是个别现象。四五岁的孩子便开始学习书法，也受到了很多父母的推崇。虽然这些孩子都已进入书写敏感期，但此时便要求孩子进行高难度的书写学习到底对不对呢？

孩子的书写敏感期如同其他大多数敏感期一样，会在适当的时候正式出现。但即使在它出现之后，也会有一个发展的过程。从孩子的生理角度上来讲，幼儿期的孩子神经抑制机能尚不能长时间抑制自己的行动，或者进行过于细致的作业。这一阶段的孩子常有笼统和不精确的知觉表现，对于文字的区别尚有难度。从空间方位的掌握程度上看，幼儿期的孩子尚不能掌握左右方位的相对性和正确的角度。三四岁的孩子对上下方位的掌握还不够稳定。此外，幼儿期孩子的手部骨骼肌肉大多还没有发育成熟，关节骨化过程还有待完成，手部肌肉力量小，不能持久用力。幼儿期孩子的手、眼、脑的协调能力没有达到最好的水平，因此在写字时，还不能够做到姿势端正、笔顺正确。

上述的这些有待于成熟的发育水平，不适合应对强制性的书写学习。否则会对孩子的身体发育造成不利的影响。

处于书写敏感期的孩子，他的能力发育受其生理发育的影响，在不同的阶段会发展到新的水平。我们无数次强调的是，对于孩子的敏感期，我们要做的是给孩子自由的发展空间，要做到保护他的敏感期，而不是用压力来破坏他的敏感期。

因此，在幼儿时期，应该让孩子按照自己的发育步骤去提高书写水平，不要人为地增大他的书写压力，破坏他的书写兴趣。

# Part 07

# 情感敏感期：
## 给孩子不一样的人生态度

　　一个人是否具有丰富的情感世界，能否清晰表达对他人的爱，能否和他人建立起非常好的关系，取决于孩子情感发展的敏感期。孩子从刚一出生时，就有情感需求，如果能够满足这种情感索取，孩子长大后就能自如地处理自己的情感。

# 与爸爸妈妈
## 交换爱

message 01

　　每个人都有情感需求，我们不能把孩子的情感需求划定出具体的年龄段，因为孩子像我们一样，对情感的渴望贯穿一生。

　　幼年的孩子是否懂得爱？这是我们常常忽略的话题。对于成年人来说，总觉得小孩子长大的过程很短，只要让他衣食不愁，便可以让我们心安了。但事实上，孩子自出生时起，便对亲人，尤其是父母的爱有着非常强大的需求。

敏感期
趣事 Example

### ● 妈妈给我穿衣服

　　小家琪拿着妈妈最心爱的香水瓶左喷喷，右喷喷，弄得满屋子的香味。妈妈叫他把香水还给她，可他兴奋地躲闪着，不停地喷。情急之下，妈妈喊了一声："再不给妈妈，妈妈不理你了！"小家琪终于停了下来，惊慌失措地把香水扔到了地上，香水瓶摔碎了。这下可闯了大祸，妈妈生气了！看着妈妈的表情，小家琪一整天都没敢靠近妈妈身边，晚上乖乖地就上床睡了觉。第二天早上醒来，爸爸妈妈赶时间，让小家琪快快穿衣服，可他就是躺在被窝里不起来，还不停地喊："妈妈给我穿衣服，妈妈给我穿衣服。"小家琪早就会自己穿衣服了，而且最喜欢自己穿衣服，今天这是怎么了？

### ● 再摸妈妈不来了

　　13个月的圆圆有一个坏毛病，喜欢摸妈妈的乳房。无论妈妈怎么

制止，怎么呵斥，都无法把他这个坏习惯改掉。圆圆的外婆对妈妈说：
"把圆圆送到我这里来住几天，和你分开一段日子就好了。"就这样，
圆圆住在了外婆家，妈妈每隔几天去看他一次，但不住在那里。小圆
圆对于与妈妈分开这件事，没表示什么不满，每次妈妈去的时候都很
开心，妈妈走的时候也不哭不闹。有一次假期，妈妈又去看他，外婆
提起了圆圆的坏习惯："你看现在，他不摸了吧？小孩子没有改不掉
的坏习惯，狠狠心就好了。"圆圆正在妈妈怀里玩，听到外婆这句话，
他忽然搂住妈妈的脖子，把小脸埋在妈妈肩膀上，可怜兮兮地说了一
句："再摸妈妈不来了。"妈妈的眼泪一下就流了出来。那天，妈妈带
圆圆一起回了家。

## ● 妈妈和我一起回家吧

壮壮的妈妈在外地工作，把壮壮留在老家上幼儿园，由于爸爸工
作忙，没有时间照顾他，壮壮便住在了奶奶家。这一年暑假，奶奶带
壮壮去妈妈那里住了一个月，假期结束前，妈妈把壮壮和奶奶送上了
火车。火车要开了，妈妈亲了亲壮壮的小脸，转身要下车，可壮壮忽
然拉住了妈妈的手，对妈妈说："妈妈别下车了，和我一起回家吧。"
壮壮的这句话给了妈妈很大的触动，不久，妈妈辞去了外地的工作，
回了老家。

## ▶ 如何让孩子感受到爱

这三个孩子的表现是非常明显的亲情渴望。让孩子感受到爱，听
起来是一件很简单的事情，但这个话题却是为人父母者都要认真学习
的一门学问。

### 不要让孩子长时间感觉不到来自父母的爱

0～3岁的孩子正处于自我认识并与外部世界建立联系的阶段，
这一时期的孩子大多还没有去幼儿园，与外界联系的唯一媒介便是父

母，父母的爱是他们与外部世界建立联系的唯一途径。如果不能够感觉到父母的爱，会使他们产生强烈的不安全感，从而影响身心健康。

当孩子具有较强的安全感时，他们在探索、观察等不同的敏感期会有更主动的欲望，而经常得不到安全感的孩子，欲望会严重降低。现代社会，成年人的生存竞争越来越激烈，许多父母为了工作，在孩子刚刚出生后不久便把照顾孩子的任务交给长辈，自己长期不在孩子身边。即使由自己亲自照顾孩子，也无暇用更多的时间陪伴他。还有些父母的脾气不好，经常对孩子进行训斥。在这些情况下，孩子会长久无法感受到来自父母的爱，这种状态会造成孩子的安全感极低，会让他们产生沮丧情绪，如果时间太久，就会影响孩子的心智成长。

出于本能，即使是 3 岁以上的孩子，对于爱的渴望仍然非常强烈。上面我们所提到的圆圆和壮壮，他们所表现出的脆弱，便是孩子渴望父母亲情的真实表达。但有些孩子是羞于表达的，有些父母即使听到孩子的表达也不会重视，在这种情况下，粗心的父母永远也不会知道孩子的需求，更不会知道与自己分开给孩子带来多么大的伤害，孩子的心理长期得不到调节，对他的成长造成的影响可想而知。因此我们不赞成父母长期与孩子分离，或者长期不向孩子表达自己的爱意。

## 对孩子的爱不要有条件

小家琪的妈妈情急之下喊了一句："再不给妈妈，妈妈不理你了。"终于制止了玩心正浓的小家琪。父母总是最了解自己孩子的"软肋"，我们通常都知道孩子最怕什么，所以每次想要制止孩子的行为时，我们总是使出自己的"杀手锏"，并露出一副生气的表情。但我们从来都没有想过这些杀手锏对孩子造成的情感上的伤害。

"妈妈不理你了"，这对孩子来说是一件极其可怕的事情，如果把这句话对 2 岁之前的孩子说，足以让他们大哭不止。对于失去"爱"的恐慌，孩子的表现各有不同。像小家琪一样，在闯祸后，故意让生

气的妈妈给自己穿衣服，就是孩子恐慌心态的明显表现。在这种心态下，他尽力地去做一些试探与弥补，想要证实妈妈是否真的不理自己了，并且想要"强求"妈妈重新喜欢自己。如果不听话，就会失去爱。这是我们经常有意无意地给孩子灌输的思想。在"如果"这个前提下，我们给孩子的爱变成了有条件的爱。所以，父母或者其他孩子比较重视的成年人都不要总是把这句话挂在嘴边。

### 不要让孩子对于"爱"的需求转变成无理取闹

有些时候，即使孩子没有惹父母生气，也会和父母撒娇，要求父母为自己做事。在这种时候，很多父母采取了"理智"的做法：坚决不同意。理由是为了不被孩子"要挟"，不让孩子养成坏习惯。但这种方法又是否正确呢？

答案是否定的。在很多情况下，孩子向父母提出一些"无理要求"，是出于对"被爱"的试探。孩子的安全感非常脆弱，他们经常会通过一些方式来向父母"求证被爱"，撒娇的行为大多是出于这一种目的。

孩子为什么会把无理取闹当做一种要挟的手段？无一例外地是由于在多次的验证之下，他得出了"无理取闹有效"的结论。每一次无理取闹之后都会让父母成功妥协，这就是他的验证过程。实际上孩子在最早提出一些特殊要求的时候，并没有"要挟"的初衷，只是想获得父母的一句肯定，是父母的过分"警觉"让孩子的初衷发生了质的转变。试想，当孩子向你撒娇，索取一份在你看来有些"多余"的关爱时，你是否拒绝了他？在他哭闹之后，你是否又转而满足了他？这就是问题所在。孩子的造创力是不容忽视的，当他们发现父母的弱点时，就会把同样的方式用到很多种不同的情况之下，"举一反三"是他们心智水平进步的一种表现。

### 不要对孩子吝啬"爱"的表达

"宝宝，妈妈爱你"、"妈妈最喜欢我的宝宝"，这样简单的话，对孩子来说却是莫大的快乐。很多的父母对于比较小的孩子，尤其是0～3岁的孩子是从来不吝啬这种表达的，但是对于稍大些的孩子，却有时忽略了这种表达。生活中常有这种对话：

"妈妈，你喜欢我吗？"

"嗯，喜欢。"

"多喜欢？"

"哎呀，你都多大了，别总赖着我，快自己看书去！"

"妈妈，你抱我一会儿。"

"你都几岁了还抱？真不知道丢人！"

"妈妈，咱俩亲密一会儿吧！"

"亲密什么？别在这腻着我，昨天教你的那几个字会写了吗？拿本来，我给你听写！"

"妈妈，你快过来陪我一会儿。"

"我哪有那闲心，这么多活儿还没干完呢，该干什么干什么去，别烦我！"

孩子的要求其实特别小，一句话、一个拥抱、几分钟的陪伴，仅此而已，孩子的快乐有时候就这么简单。任何忙碌的父母都不可能抽不出这最短只需几秒钟、最多不过几分钟的时间，用来向孩子说一句"爱"或者用来给孩子一个拥抱。

总有父母埋怨孩子不听话，不好管教，那么扪心自问，孩子的话你听到了多少？有些父母会说："我很爱我的孩子，为了他我什么苦累都可以承受。"但是这些孩子并不知道，孩子的心智还没有成长到能够"体谅"的程度，所以，即使你真的没有时间陪他玩一会儿，那么一个拥抱和一个"爱"字还是做得到的。总知，不要吝啬对孩子进行爱的表达。

## 教会孩子表达自己的爱

孩子的任何一种本能都是逐渐完善起来的，即使是渴望情感与表达情感的能力，也需要成长的时间。如果说0～3岁是孩子渴望情感的敏感时期，那么4～6岁便可以称作孩子表达情感的敏感期。

在3岁之前，孩子对于父母无微不至的爱是以享受的心理来接受的，当他感觉不到父母的爱时，会以哭闹的形式来表达，当他重新感受到爱时，就会立刻平静下来。但是到了4岁左右，孩子的理性思维能力越来越强，当他们感受不到来自父母的爱时，会产生伤心的情绪，这种伤心甚至不会轻易化解，孩子最早的心事便由此产生了。此外，对于4岁左右的孩子来说，父母的爱渐渐唤醒了他的情感，使他对情感有了更深刻的认识，于是产生了付出的欲望。

## 正确识别孩子对情感的表达

让孩子自由地表达自己的情感，父母首先要正确识别孩子对于情感的表达。以下的几种情况是4岁以上的孩子表达情感的主要方式。

### 吃醋与委屈

大多数父母都会明显地感觉到孩子

别在这腻着我，昨天的字写完了？

妈妈，咱俩亲密一会吧！

● 不要对孩子吝啬"爱"的表达

● 孩子对父母"爱"的付出，父母应该对其表示赞赏。

今天可是多亏了宝宝啊！

● 家长要学会很自然地接受孩子"爱"的表达。

211

的一个新特点：爱吃醋、爱哭。当爸爸妈妈对其他孩子非常热情或者表示喜爱的时候，孩子就会产生抵触情绪，甚至出现情绪低落或者哭泣的情况。

当父母的朋友带着孩子来家里做客时，孩子对小朋友的到来表示了很大的喜悦，但是当他看到父母热情地对待小客人，并且把家里的好吃的全都拿给小客人吃，甚至把自己最心爱的玩具拿给小客人玩儿的时候，孩子就会很生气。他故意冷落小客人，甚至找机会欺负他，实在忍无可忍的时候，他会大声抗议，甚至哭泣。当父母带着他外出时，如果在路上遇到比较可爱的小孩子，情不自禁地把别人的孩子抱在怀里时，他就会生气地把鞋子甩飞，或者干脆一屁股坐在地上不起来。

这些情况都是孩子表达不满的方式。在他们看来，爸爸妈妈是自己的，是不能与别人分享的，当爸爸妈妈把爱给予其他孩子的时候，他们就会本能地产生排斥心理，并且认为爸爸妈妈的爱转移到别人身上了，这让他们觉得非常委屈，而且非常伤心。当孩子因为疼痛、疲倦，或者因为自己的东西被其他人拿走而哭泣时，也是他们感觉到委屈的表现。

## 黏人

当孩子的动作发育到一定水平时，出于对空间探索的欲望，他们渴望离开父母的怀抱，让自己的身体自由地活动。但4岁以上的孩子，已经熟练掌握了基本动作技巧，能够随时走到自己想去的任何地方，却会表现出时刻希望与父母黏在一起的状态，总是想让父母抱，总是依靠在父母的身上，这种表现就是"黏人"，这是孩子对于"依恋"的情感表达，同时也是一种情感索取。

## 付出

孩子付出情感的表现常常被大多数父母忽视。比如当你一动不动地坐在桌边伏案写字时，孩子会走到你的身后，在你身上这捏捏，那拍拍；当全家人聚会时，如果有人喊一声"吃饭啦"，而此时你恰好不

在孩子的视线之内，他一定不会先跑向其他人，也不会先跑向饭桌，而是会大声喊"妈妈"、"爸爸"，然后到每个屋子找你，拉着你去吃饭；当你生病时，他会比医生还忙，一会儿拿着一条毛巾放在你的额头，一会儿催促家人赶快给你做饭，还会特别积极地想帮你端水拿药；甚至他会经常刻意地跑到你面前给你一个亲吻……

不同的孩子有不同的情感表达方式，如果他们的"付出"能得到父母的赞赏或相应的回应，会让他们十分快乐。如果父母不了解孩子的初衷，误会或者漠视了他们的表达，会让他们十分伤心，甚至产生对失去爱的恐慌。

### ▶ 给孩子表达情感的自由

有些孩子给父母的感觉是特别脆弱，总是莫名其妙地哭泣，如果是女孩子倒还能得到一些原谅，但有些男孩子也爱哭，就常被家长训斥。有些孩子在哭泣的时候还会被家长喝令："马上把嘴闭上，把眼泪收回去！不许哭！"

委屈、脆弱，都是孩子对情感的自由表达，强行制止的结果是让孩子的郁闷情绪积压在心里，影响他的心理健康。更重要的是，这些无处安放的情绪最终将以身体上的不适得到释放。比如有的孩子在被父母强行"修正"爱哭行为之后，会出现肚子疼、头疼、胃疼、肌肉疼等症状。所以，父母应该给孩子自由表达情感的自由，了解孩子的情感索取与表达敏感期，当孩子哭泣或者感觉到委屈时，不要强行制止他，及时地为孩子做心理疏导。尤其是男孩子的家长，不要用"男儿有泪不轻弹"的原则去苛求孩子，毕竟孩子还小，当他处于情感敏感期的时候，生理与心理上都有着表达情感的需求。如果连哭的自由都没有，孩子们还拥有什么呢？

### ▶ 接受孩子的情感表达

生活中这样的场景并不少见——

"妈妈，这个雪糕真好吃，你尝一口。"

"乖，宝宝吃吧，妈妈不吃。"

"妈妈，我帮你抹香香。"

"哎呀，你别乱动，不用你。"

"爸爸，我帮你拿包包。"

"不用，爸爸自己拿。慢点慢点，你看，掉了吧？这份文件急着用呢，弄成这样我怎么用？"

……

当孩子在享受亲情的同时，产生了付出亲情的欲望，常会做出这样的举动。但由于孩子做事莽撞，常常会闯祸。比如当孩子帮爸爸妈妈拿东西时，却不小心将东西掉在地上。也有的孩子积极地要与爸爸妈妈分享好的食物，但爸爸妈妈出于爱孩子的原因，会拒绝他的表达。比如孩子有喜欢的食物时，总喜欢让妈妈尝一口，而妈妈却说自己不爱吃，或者轻轻地"啄"一下，便应付说自己尝过了，又推回给孩子。这是我们不支持的做法。

爸爸妈妈应该接受孩子的"示爱"，当孩子想要与你分享食物时，应该高兴地接受，并对孩子的爱进行语言上的回应。如果一味地拒绝或者应付，会使孩子产生其他想法。比如对于孩子想让妈妈尝的食物，如果妈妈总是说"妈妈不喜欢吃"，那么当这个敏感期过去之后，孩子就会得出"妈妈不爱吃某种东西"的结论，或者干脆就认为妈妈有很多东西都不喜欢吃，自己即使让妈妈尝，她也不会尝，所以这种"示爱"是没有必要的。如果妈妈总是应付性地用嘴唇碰碰食物，然后马上又推回给孩子，就会让他认为每次吃东西时让一让妈妈就可以，妈妈不会真的吃，如果哪次妈妈真的把孩子递过来的食物吃掉了，他反而会产生不满的心理。

当孩子想要为父母做些事时，爸爸妈妈也要愉快地接受，即使真

的有不适合孩子做的事，也可以用一些巧妙的方法化解。比如当孩子执意帮爸爸拿还没有装好的皮包，爸爸可以说："先别拿，爸爸还有一份文件没找到呢，快帮爸爸找一下。"趁孩子积极去寻找时，自己赶快把书包整理好，并留下最后一件需要装起来的东西对孩子说："快帮爸爸把这个放进包包。"如果装的时候需要小心，就轻轻地协助孩子一下。东西装好了，及时地给孩子一个表扬："今天多亏了宝宝帮爸爸整理书包，不然爸爸真的要迟到了。"其实，当孩子执意帮父母拿一件东西时，只需要让他亲自接触到这件东西，他就足够高兴了，即使是他想端一杯水，也可以妈妈端着杯子，让宝宝也和妈妈一起扶着杯子，只要"参与"就好。

过多的拒绝会让孩子感觉到自己的"示爱"没有任何意义，根本不会受到爸爸妈妈的喜欢，久而久之，他对父母的重视也会越来越淡了。细想一下，那些把孩子辛苦养大后却不能被孩子重视的父母，当孩子小的时候，又何尝让孩子感受过爱父母的喜悦呢？

## ▶ 满足孩子的情感需求

孩子黏人，是因为他们想从自己所爱的人那里索取更多的爱，孩子对父母提出一些无理要求，更多的只是想证实自己所爱的人对自己的重视。当孩子哭泣的时候，大多是由于其心理需求没有得到满足，因此父母要尽量理解并满足孩子对情感的需求，不要过多拒绝他。

**早教 Early Learning**

教育孩子的最好时机就是在孩子快乐的时候。当孩子向父母撒娇时，父母不妨满足一下他的小愿望，在心理得到满足的同时，他的"求证被爱"得到了满意的结果，安全感便随之上升了，这时的孩子是非常愿意按照父母说的话去做的。

# 找到友谊，学会分享

*message 02*

　　随着自我意识的不断成熟，孩子的注意力开始从父母的身上有所转移，他们开始渴望拥有朋友，并尝试着通过不同的方法去获得友谊，这时，孩子的人际关系敏感期便开始了。

　　人际关系敏感期是孩子成长过程中的一个重要时期，这是他们学会与人相处的关键时期，这个时期的顺利度过，对他们成年后合理地处理人际关系会起到重要的作用。

## 敏感期趣事 Example

### ● 小帽子和小手枪

　　原原很喜欢和对门张伯伯家的小弟弟玩儿。有一天，他自作主张地把爸爸给自己新买的小帽子送给了小弟弟。爸爸妈妈虽然很心疼，但没有批评他。可是第二天，原原后悔了，他想把小帽子要回来，爸爸妈妈不同意他去，并且告诉他，送给别人的东西是不能再要回来的，否则就没有小朋友会喜欢和他交朋友了。原原很郁闷，但他的郁闷很快便没有了，第三天的早上他刚一出门，就遇到张伯伯带着小弟弟也刚刚

出门，小弟弟看到他高兴极了，兴冲冲地跑过来，把一把漂亮的玩具手枪塞进了他的手里。

## 妈妈，他打我

妈妈去幼儿园接音音放学，音音哭着跑向妈妈，哭诉道："妈妈，亮亮打我。"妈妈说："小朋友之间要好好玩儿，不要打架。"亮亮的妈妈在一旁很尴尬，忙不迭地哄着音音，并批评着亮亮。回到家里，音音委屈得仍旧在掉眼泪，妈妈把音音叫到面前，对她说："自己的问题，不要让妈妈来解决。他打你，你不会打他吗？就这么没出息，被人家打得哭着出来。以后不准你再被人欺负成这样，听到没有？"第二天放学，妈妈又去接音音，这回是亮亮哭着跑了出来，对音音妈妈说："阿姨，你们家音音打我。"亮亮妈妈赶忙往回拉亮亮，并不停地说："不要紧，音音也不是故意的。"音音妈妈故作惊讶地问音音："是吗？音音，你怎么打亮亮啊？"音音忽闪着两只大眼睛，疑惑地问："妈妈，不是你说让我打他的吗？"

不要紧，音音不是故意的。

妈妈，不是你说让我打他吗？

妈妈，再给我三颗，我给美美。

## 给我三颗橡皮糖

强强想要带一包橡皮糖去幼儿园，因为强强的幼儿园规定小朋友不准自己带食物，所以妈妈没同意，但给了他三颗，让他在去幼儿园的路上吃。没想到，强强接过那三颗橡皮糖，又向妈妈伸出小手说："妈妈，再给我三颗。"妈妈说："乖宝宝，不吃那么多。"强强说："不是的，妈妈，我想给美美也拿三颗。"妈妈这才恍然大悟。原来，妈妈和强强每天都会在去幼儿园的路上遇到美美和她的妈妈，两个孩子是很要好的朋友。

## 人际关系敏感期的明显表现

上面三个孩子都处于人际关系敏感期，他们在与同龄人交往过程中的行为，具有孩子最早学习与人交往时的明显特征。下面我们来探讨一下孩子处于人际关系敏感期时的具体表现。

### 交换是孩子处理人际关系的主要手段

交换是孩子处理人际关系时所采用的重要手段之一。大多数 3 岁的孩子开始进入幼儿园过集体生活，交换的行为也大多在这个时期开始出现，这是孩子进入人际关系敏感期的明显标志。他们通过交换的方式获得对方的好感，并且在不断地寻找着能够长期获得对方好感的可交换的物品。

### ◎ 食物的交换

孩子最早用于交换的物质是食物。孩子无一例外地对食物有着浓厚的兴趣，用彼此最喜欢的食物进行交换，可以更好地沟通与对方的关系，这对孩子来说是一个重大的发现。出于对友情的渴望，孩子希望通过交换食物的方式来获得对方的友谊，所以常常有你送我一颗糖果，我送你一个苹果这种交换现象，两个孩子一起吃自己得到的"礼物"，这会让他们两个人更亲密、更友好。

### ◎ 物品的交换

食物的交换让孩子感受到了交换所带来的友谊，但用不了多久，他们就会发现这种做法的一个弊端，那就是食物交换完之后，他们的友谊开始了，但是当食物被吃完之后，他们的友谊便结束了。这种交换方式的吸引力能够保持的时间太短了，这让孩子感觉到非常不舒服。他们觉得，交换的东西能保持的时间越久，友谊就会越久。于是他们

又开始寻找一种不会被"吃掉"的物品去进行交换，玩具及各种不同的用品便在这个时候引起了孩子的注意。

互相交换玩具，或者交换对方喜欢的东西，交换后两个人还能在一起玩儿，这让孩子得到了时间相对更持久的友谊，这个新的发现又让他们兴奋不已。

## ◎ 情感的交换

物品的交换没有维持太久，孩子又发现了这种新方法的弊端，那就是当物品交换之后，对方得到了想要得到的东西，并且"玩够了"之后，谁也没有对方喜欢的东西了，这时双方的友谊又结束了。孩子对于友谊的渴望是持久的，他们所需要的友谊不是转瞬即逝的流星，即使物品交换所带来的友谊能够比食物交换更长久些，但总归是要消逝的，这仍旧不能满足孩子的需求。于是，他们便再一次开始了寻找之旅，想要找到一种可交换的，并且永远也不会消失的东西，于是，他们发现了情感。

如果我们仔细地观察，就会发现孩子们渐渐地开始组成不同的小团队，比如喜欢玩手枪的孩子开始一起玩打仗的游戏，喜欢玩洋娃娃的孩子开始一起玩过家家，喜欢挖土的孩子开始一起用沙子垒城堡。还有一个明显的特征就是，男女混合游戏的情况越来越少，而男孩子和男孩子一起玩儿，女孩子和女孩子一起玩儿，甚至"不屑"与性别不同的孩子一起玩儿，这样的趋势越来越明显。孩子们惊喜地发现，"志趣相投"是保持友谊持久的一个重要条件，志趣不会轻易地消失，因此以志趣来维持的友谊也不会轻易结束，这个重大发现又让他们雀跃起来。

随着感情的进一步加深，孩子们又有了新发现，那就是情感的交换能获得的友谊更牢固，它几乎可以不受志趣是否相投的限制。

两个小朋友打架了，其中的一个被打了一下，哭了起来。这时，突然有一个孩子冲过来，对打人的孩子说："你为什么打她？我要告诉老师！"不久之后我们会发现，被打的孩子和打抱不平的孩子成了好朋友，而促成友谊的媒介就是这次"抱打不平"。那个打人的孩子开始渐渐地失去了朋友，因为小朋友们都觉得他不能和大家和平相处，便开始不自觉地孤立他。他与小朋友们的友谊因为一次"打人事件"而结束了。

被关心或者被理解，是孩子非常重视的一件事。互相关心、互相理解的孩子会产生持久的友谊，而不关心别人甚至欺负别人的孩子会失去友谊，这是孩子最早的友情观念。在关于亲情的一节中，我们知道孩子到了一定的时期，会有情感付出的欲望，面临友情时也一样。他在不断地用各种物质来交换友情时，发现情感的交换更有助于友情的持久，因此乐于在得到友情的同时付出自己的友情，当这种情感交换取得成功时，孩子的成就感就更大了。直到这时，孩子终于找到了长久维持友谊最重要的前提条件之一，那就是"将心比心"。

### 孩子有自主处理矛盾的欲望

随着自我意识的加强，孩子的私有意识也越来越强，他们在彼此交流的过程中，难免会因此而产生各种各样的矛盾，但进入人际关系敏感期后，孩子会对彼此之间的矛盾更加重视，并努力积极地想用不

同的方法化解矛盾。

很多孩子都会遇到这样一个难题，那就是幼儿园里有一些小朋友很喜欢欺负人，这让他很不安。这时，有些孩子会对这个小朋友避而远之，有些孩子会给这个小朋友好吃的，或者把自己的玩具主动给他玩儿，以此来换取他的友谊，无论孩子的做法是否值得提倡，都是他们在用自己的想法去处理矛盾。

### 好的东西应该与好朋友分享

上面我们提到的要给好朋友美美准备三颗糖的小强强明白一个道理，那就是"好的东西应该与好朋友分享"。

孩子无疑要经过一段自私的历程，但是随着他们的心智水平不断发育，孩子会在与人相处的过程中，总结出好朋友应该互相关心、互相惦记的结论，如果你有好吃的经常会想到我，那么当我有了好吃的东西时也会想起你。如果我生病的时候你打过电话来问候我，那么你生病的时候我一定不会忘记打电话问候你，还会想去探望你，甚至会留一个大苹果给你。这就是孩子们在用"将心比心"以及"互相关心"的方式来维护自己的友情。分享好的食物与分享彼此之间的友谊，在孩子看来是同样重要的事情。当我们这些成年人每天为了私利而斤斤计较时，真的应该向孩子学习一下，培养人与人之间纯净无私的友谊。

## 应对人际关系敏感期的方法

孩子在处理人际关系的过程中，经常会出现一些问题，比如为交换而后悔或者感觉交换不公平、在与小朋友相处的过程中被欺负等，很多父母会主动教孩子如何去对待这些问题，但有些时候却难免会产生负面作用。那么，当孩子进入人际关系敏感期时，明智的父母应该怎样做呢？

### 正确对待孩子间的交换行为

热衷于交换的孩子，不可能在交换的同时想到"金钱等价"的问题，他们唯一的交换标准就是对方是否喜欢，所以常常有孩子用一个新玩具换回一张旧卡片，或者用一盒新水彩笔换回一块橡皮。在这种时候，很多的父母会大发雷霆，逼孩子把东西换回来，这种反应便有些缺乏理智了。

当孩子按照他的原则与他人进行物品交换时，在他看来，他的交换依据是绝对"等价"的，我的东西他喜欢，他的东西我也喜欢，所以我们的交换是平等的。但成年人的衡量标准与孩子的标准有着本质上的区别，矛盾便由此产生了。当父母以自己的标准去对孩子进行训斥的时候，孩子常常会无所适从。自己以为是对的，但爸爸妈妈却说是错的，难道自己真的错了吗？那应该怎么办呢？一件新玩具究竟应该换回什么东西来呢？这种困惑会影响到孩子的交友过程，影响他对人际关系的探索，同时，他还会感觉到自己的"无能"，因此影响他的自我意识正常发展。

家长所要做的，是正视孩子间的交换行为，并尊重孩子对于所交换事物的"所有权"，以及孩子在事件中的"主动权"。简单地说，也就是"孩子自己的东西让孩子自己做主"。

由于孩子对于大多数物品都难以保持永久的喜爱，所以很少有孩子会永久性地交换某种东西，因此这种交换常常会有期限。家长可以引导孩子主动重视交换期限，比如当孩子用自己的小汽车换回一枝水彩笔时，父母可以首先对孩子的"眼光"进行一下肯定，然后叮嘱孩子："这枝水彩笔真的不错，但宝宝用几天就要还给东东，因为这不是宝宝自己的。"孩子当然会回应："那东东还拿了我的小汽车呢。"父母可以说："东东玩过几天，也会把小汽车还给你的。"如果孩子在想要交换某种物品时向父母征求意见，父母可以说："宝宝的玩具，宝宝自己决定吧。"这时，孩子会很高兴地做出自己的决定。父母也可以说："宝宝喜欢，可以和小朋友交换着玩儿。一定要保护好，玩过之后要还给小朋友。"这时，孩子会在与小朋友进行交换的同时约定交换的期

限，并且在以后的交换中也会主动约定期限。

引导孩子正确交换的时候，也要看准时机。当孩子需要帮助时，适时地向孩子灌输"谁的就是谁的"、"用过之后要归还"、"送给别人的东西不能讨回"等概念，让孩子明白"赠予"与"交换"的关系，也有助于孩子在通过物品交换与人交往时进行参考。

上面我们提到的小原原，在根本没有交换的情况下，把帽子送给了小弟弟，虽然事后有些后悔，想把东西要回来，妈妈和爸爸还是理智地告诉他"送给别人的东西不能再要回来"；后来，小弟弟又送给原原一件玩具，这个交换的过程才得以完成。无论最终小弟弟的玩具与原原的帽子是否能够重新交换，都已经不重要了。因为父母的理智教育让孩子学到的东西远比探讨价值更有意义。

## 正视孩子之间发生的矛盾

大多数情况下，孩子之间的一些矛盾都是因小事而起，应该尽量让孩子自己解决。如果孩子向家长求助，家长也应该尽量起到心理疏导的作用，而不是帮孩子种下仇恨的种子，或者干脆教孩子怎样报复。

这些道理说起来很容易，但实施起来确实有难度。比如有些孩子，受到家庭环境的影响，确实存在"暴力倾向"，觉得"天下我最大"，并相信用"暴力"的方式能解决所有的问题，这是父母的教育方式以及家庭环境所造成的结果。面对这种自身力量无法解决的问题，很多家长都会有上面我们所提到的音音妈妈那样的反应，教孩子"他打你，你一定要打他"，但这样又容易造成恶性循环，让自己的孩子关注武力解决问题的重要性。

当然，一味地教孩子忍让也不是一个好办法，对孩子说："他欺负你是他不对，你不能再反回去欺负他啊。"这也是不对的。这种说法会让孩子得出一个结论，那就是：对待别人的欺负只能忍耐。一味的忍耐只会教育出一个任人欺负的孩子，现代社会中不乏有些被同伴打骂甚至拍了视频四处传播的孩子，都是从小到大一味忍让、不反抗的孩子，当孩子最终因此而受到更加严厉的伤害时，父母才会追悔莫及。

我们在对自己的孩子进行教育时，在教会他们不主动欺凌弱小的同时，也应该同时教会孩子重视自己的权利与尊严。在这个过程中，比较实用的方式是本着教会孩子"不主动出击，不接受欺负"的原则，告诫孩子与别人友好相处。当受到不友好的对待时，及时做出"不可侵犯"的表态，并向老师或家长求助。有些孩子在遇到这种情况时，会勇敢地回应，大声向对方进行质问，并严肃地警告对方"马上向我道歉，否则我会告诉老师"。幼儿期的孩子无论有多么自以为是，但大多都有着"欺软怕硬"的心理，因此无论最终是否能让对方妥协，但再一次受到不友好对待的可能性极低。让孩子的尊严赢在幼儿时，他的不可侵犯由始至终都会受到同伴的重视。

## 不要为孩子灌输"成年人"的友谊观

成年人的友谊观不宜向孩子灌输，这句话在某种程度上是对成年人友谊观念的一种亵渎，但笔者的原意并非如此。

不可否认的是，现代社会人与人之间关系的复杂性让很多人难以适应，在激烈的竞争中求生存的人不可能做到只交真心朋友，没有一个酒肉朋友或者带有功利性质的朋友。因为在成年人的世界里，人际关系不仅是一种友谊，同时也是一种手段、一种生存之道。这与孩子的友谊有着明显不同。

孩子的友谊观是极度纯洁的，在他们的心目中没有功利，没有金钱，只有我和你玩儿或者你和我玩儿，两个人打架时也是一句"不和你玩儿了"。孩子之间所结成的友谊，是出于彼此之间共同的兴趣或者关心，这种友谊不受父母地位的影响，更不受父母财富的影响，因为他们之间是完全平等的。如果父母用自己的交友观念去教孩子只和有地位的人的孩子玩儿，或者只跟家里有钱的孩子玩儿，这会给孩子的人际关系探索造成非常不好的影响，甚至是造成本质上的影响。

### 支持孩子与人分享的乐趣

与人分享，是孩子在处理人际关系时常常出现的表现之一。比如上面我们所提到的小强强。当孩子出现与人分享的欲望时，家长不要刻意制止孩子的举动。如果他进入了热衷于与人分享食物的时期，不妨每次帮他多带一些食物，让他自由地享受与人分享的乐趣，让孩子明白在友谊的过程中，得到与给予都是一件极其幸福的事。

实际上，孩子的分享意识最强烈的时期，正处于"交换"友谊的时期，想要分享的内容也大多是些食物，这可以让他们感受到获得友谊的成就感。当他的人际关系敏感期进入情感交换阶段之后，便会将分享的重心升华并适当转移，所以某些家长担心的"万一以后什么东西都想分给别人，连衣服都想送给别人，自己的钱也总想送给别人怎么办"这种担心，是大可不必的。

成年人的处世观念是经过了多年的积累与沉淀之后渐渐形成的，成因并不是幼时的一些食物分享这么简单的事，而幼时的食物分享却关系着孩子是否能用积极友好的心态来对待自己的友谊。虽然我们并不希望日后变成成年人的孩子在处理人际关系时头脑过于简单，但人际关系的处理原则同样不是一朝一夕就能形成的，更不是幼儿时代便可以完全定型的。撇开这些不谈，可以肯定的是，我们都不希望孩子长大以后，根本不懂得区分真正的友谊，更不会交到一个真正以心换心的朋友。孰重孰轻？家长的心中自有定论。

早教 Early Learning

对于交换来的东西，孩子玩过几天便会失去兴趣，所以在大多数情况下会交换回来的。即使真的有些东西不会被还回来，也不要因此而训斥孩子。

# 孩子忽然想结婚

**03** message

每天黏在爸爸妈妈怀里的孩子，突然大声地宣布，他要结婚了。这种时候，家长千万别急，这是孩子的婚姻敏感期到来了。

四五岁左右的孩子会突然开始关注婚姻问题，他会总是说自己要结婚，并总是要和不同的对象结婚，有时候对象还不止一个。

## 敏感期趣事 Example

### ● 我想跟三个人结婚

童童从幼儿园回来，向妈妈倾诉了自己的苦恼，他说："妈妈，我想跟三个人结婚。"这句话让妈妈大吃一惊，赶忙问："是吗？都是谁呀？说给妈妈听听。"童童认真地说："嗯，是娜娜、姗姗和妞妞。"妈妈问："那你最喜欢哪一个呀？"童童说："我最喜欢娜娜。"妈妈又问："为什么呢？"童童回答说："因为娜娜像公主。"妈妈笑了，说："那就和娜娜结婚呗。"童童听了妈妈的话，"郁闷"地说："可是妈妈，姗姗总是给我好吃的。还有妞妞，强强总是欺负他，我还要保护妞妞呢。"

### ● 我要结婚啦

晚上，琪琪回到家里，大声宣布了一个消息，让全家人目瞪口呆。她说："妈妈，我要结婚啦！"爸爸妈妈忍着笑问她："哦，是吗？和谁结婚呀？"琪琪回答说："我要和刘爷爷结婚。"爸爸妈妈面面相觑，原来，琪琪所说的刘爷爷是幼儿园看大门的老大爷。因为刘爷爷觉得琪琪和他自己的小孙女长得很像，所以他非常喜欢琪琪，没想到，这种喜欢被琪琪变成了"爱情"。

## ● 你和爸爸离婚吧

爸爸又喝酒了，回到家里连衣服都没有脱，便蒙头大睡起来。从爸爸进家时起，青青就一句话也没有说。直到爸爸躺在床上睡着了，青青才悄悄地搂住妈妈的脖子对她说："妈妈，你和爸爸离婚吧。"妈妈愣住了，问他："为什么呀？"青青说："妈妈，我不喜欢爸爸，他总喝酒。我想让你和对门的王叔叔结婚，王叔叔每天都不喝酒。"

## ▶ 婚姻敏感期的明显表现

上述三个小朋友，忽然开始与成年人讨论婚姻问题，这标志着他们的成长进入了婚姻敏感期。下面我们来具体看一下处于婚姻敏感期的孩子会有哪些表现。

### 喜欢模拟结婚游戏

细心的父母会发现，孩子们凑在一起玩过家家的时候，忽然出现了结婚的场面，自己的孩子挽着另一个孩子站在人群中间接受别人的欢呼和祝福。也有的父母会遇到这样的情况，当孩子一个人在屋子里

很长时间不出来时，如果你小心地观察一下，就会发现她正在费力地把一块白布单往身上缠，用不了多大会儿，她就会欢呼着跑出来，告诉你她是百花国还是鲜果国或者是其他什么国家的公主，正打算去和她的王子结婚。

### 有喜欢的对象，但经常改变

孩子心目中的结婚对象经常会发生改变。最早的"结婚对象"通常是父母，这是由于孩子对于婚姻关系最早的认识源自自己的父母。但用不了多久，这个对象就会变成其他哪个喜欢他也被他喜欢的人，比如前面我们提到的小琪琪，她就想和看大门的刘爷爷结婚，因为刘爷爷喜欢她，她也喜欢刘爷爷。当然，这并不值得担心，因为再过上一段日子，孩子的"结婚对象"就会变成同龄人了。但新的问题又出现了，他可能同时喜欢上不止一个孩子，或者和几个人同时喜欢上一个孩子。

### 追求与失恋

幼儿园里，同龄的很多小孩子几乎同时进入婚姻敏感期，当他们的婚姻敏感期同时发展到"知道要和同龄人结婚"这个程度时，有趣的现象就会发生了。有的孩子被几个孩子"追求"，有的孩子与几个孩子"竞争"去追求同一个孩子。于是有的孩子"成功"了，有的孩子"失恋"了，有的孩子仍在纠结之中。在我们成年人看来，这些发生在孩子身上的事是那么的不可理喻，但孩子探索的过程仍在继续，并且在不断的深入、升华之中。

### 探讨婚姻话题

从什么时候开始，孩子不再对恋爱或者结婚游戏感兴趣，而是认真地和父母探讨起结婚话题了？是的，在我们无意之间，孩子告别了那些让我们认为很"可怕"的爱好，他们对于婚姻的注意力转移到对婚姻进行"深入研究"的话题上来了。例如：妈妈为什么和爸爸结婚？

为什么不和王叔叔结婚？爸爸总是喝酒，王叔叔从来不喝酒，妈妈你和爸爸离婚吧，然后和王叔叔结婚。幼儿园的张老师为什么和一个戴着眼镜的叔叔结婚了？我不喜欢那个叔叔，我觉得我爸爸要比那个叔叔好，老师你还是和那个叔叔离婚吧，我觉得你和我爸爸结婚比较好……

孩子突然成为了婚姻问题"专家"，这让爸爸妈妈刚刚松弛下来的神经又紧张了起来。这个小东西怎么竟然在这里乱点鸳鸯谱啦？从哪学会了"离婚"这个词儿？哪有孩子让自己爸爸妈妈离婚的？

## ▶ 应对婚姻敏感期的方法

当孩子进入婚姻敏感期，家长仍然要遵守我们一直以来所强调的原则：给孩子自由和尊重。同时，也要利用这个难得的机会，对孩子的爱情观与婚姻观念进行正确的引导和启发。

### 用正确的态度面对孩子的婚姻敏感期

孩子的游戏忽然全变成了恋爱与结婚，这与我们根据他的年龄所能接受的捉蚂蚁、给娃娃打针等游戏大相径庭，着急的父母就会议论：这孩子是不是太早熟了？是什么原因呢？难道是现在的食物里激素太多的原因？没给他吃不该吃的保健品啊……各种猜测层出不穷，更有甚者，有的家长还把孩子带去了医院，检查"早熟"的问题。

这些想法与做法都太荒唐了。当孩子进行人际关系探索的过程中，开始对"小群体"产生兴趣，而他的身边最近的小群体就是由爸爸妈妈的婚姻关系所建立起来的家庭。因此，孩子对婚姻产生兴趣，进入婚姻敏感期是一件非常顺理成章的事情。

对婚姻的探索是孩子认知社会组成形式的一种表现。婚姻敏感期的顺利度过，关系着孩子今后的爱情观与婚姻观的形成。这不是一件坏事，更不是一件怪事。所以父母大可不必过于恐慌，更不必草木皆兵，不要让孩子感觉到你的态度与平时不同。当孩子提到恋爱与婚姻的话题时，也万万不可嘲笑或者斥骂孩子，否则会影响到孩子正确的婚姻观的形成以及他的心理健康。

### 抓住机会向孩子灌输正确的婚姻观念

从孩子想和父母结婚起，父母就开始了没完没了的担心，当孩子终于把结婚对象锁定为同龄人之后，总爱忧心忡忡的父母便又会添加新的担忧了。因为孩子会同时喜欢上不止一个人，或者为到底该和几个人结婚而"苦恼"，如果他在别的孩子眼中不够优秀，还会面临失恋的"危机"。这多么像成年人的恋爱啊！难怪父母们胡思乱想。

但这毕竟不是成年人的恋爱，它只是不谙世事的孩子在摸索着认识这个世界，认识它的一切结构的组成，并恰好摸索到了婚姻的结构组成而已。这是我们向孩子伸出援手的有利时机。当孩子们的婚姻敏感期无一例外地进入了最关键的时期，他们开始深入"剖析"爱情、婚姻获得维系的必要条件，这个时期所取得的一切心得都将会影响到他们长大后的爱情与婚姻。

因此，父母应该在孩子的婚姻敏感期内随时抓住有利时机向孩子灌输正确的婚姻观念。比如当孩子想和布娃娃或者同性的小伙伴结婚时，告诉他结婚的两个人必须是不同性别的人。当孩子想和父母结婚时，告诉他两个人结婚是有条件的，其中最重要的一条就是"不可以有血缘关系"。当孩子想和其他喜爱他的成年人结婚时，告诉他结婚的两个人应该是年龄差不多的人，这样才能有共同的爱好和兴趣，喜欢在一起好好生活。当孩子"失恋"时或者和几个人一起追求一个孩子时，告诉他结婚的两个人必须是互相喜欢的，每个人都有选择的权利。当孩子认为父母或者其他的夫妻应该"离婚"，然后再和别人结婚时，告诉他结婚是一件非常神圣的事情，结婚的两个人除了必须没有血缘关系、年龄相仿、互相喜欢并互相选择之外，还必须要做到结婚以后不能再想和其他人结婚，一辈子都要相亲相爱，不能分离。

幼年的孩子有着成年人难以想象的接受与理解能力，这些概念我们成年人自己都不一定能想明白，但孩子却在得到这些知识之后处理得很好，当他"失恋"时，很少会像失恋的成年人一样失态，相反孩子大多会很平静，因为他理解并认同了"每个人都有选择的权利"、"结婚的人必须互相喜欢"这样的观点。这是家长教育的成功。

### 和睦的婚姻家庭

让孩子在婚姻敏感期顺利完成婚姻关系的探索，为成年后的爱情观与婚姻观打好基础，除了父母就事论事地对孩子进行引导与教育之外，也要注意保持一个正常的、和睦的婚姻家庭环境。让孩子在父母和睦的婚姻关系中，感受到正确的婚姻观念带给人的幸福感。

在幸福的家庭里长大的孩子，今后对待自己的婚姻时多半会很积极乐观。而生活在亲情残缺的家庭中的孩子，长大后遭遇不幸婚姻的比例较高。究其原因，与对婚姻家庭缺乏幸福感受有着非常大的关系。孩子不懂得如何去维持幸福的婚姻，因为他们从小就生活在父母不幸福的婚姻生活中。

**早教 Early Learning**

孩子进入婚姻敏感期并开始重视结婚的概念，说明他对于自我意识、自己的性别以及异性有了初步的感觉，父母和老师要注意平等地对待孩子的心理成长，并尊重孩子的想法，与他进行正常的交流。

# 热爱
# 小小动植物

孩子在五六岁的时候会突然表现出对动植物特别感兴趣，他们不仅想要拥有，更希望能够亲自去照顾或者保护动植物。

在街上看到有人卖小鸡、小鸭，孩子会吵着要买。如果自己家里的小动物死掉了，他会伤心地哭泣。父母从来没有发现过孩子对动植物产生这么深的感情，但如今，孩子却将这些感情勇敢地表现了出来。这种现象发生的原因在于：孩子关注动植物的敏感期到了。

敏感期
趣事 Example

● 我要我的小企鹅

我的小企鹅死了，我要我的小企鹅！

妈妈在网络上养了一只小企鹅宠物，然然很喜欢这个小东西，她每天都催着妈妈给小宠物喂食。后来，小企鹅病了，如果不花钱就不能把小企鹅的病治好。可是妈妈觉得，网上的虚拟物品只是用来娱乐的，没有必要与现实联系在一起，所以就没有买虚拟的药品，由于怕然然哭闹，她也没有对然然解释原因。小企鹅得不到"救治"，死了。然然伤心极了，她不停地哭泣，妈妈提出再养一只，可然然哭得更凶了，她说："我不要再养一只。我就要我的小企鹅。"

## ● 我的小花开了

俊俊的姨妈送给他一棵"佛手"花，肉乎乎的叶子像一只手掌，俊俊喜欢极了，每天都趴到花盆前去看他的佛手。可是有一天，他伸出小手摸了摸佛手花的叶片，突然大叫起来："妈妈，我的花死了。"妈妈赶忙过来，摸了摸花的叶子，软软的，这才想起好几天没给它浇水了。从那以后，俊俊便自己承担起了浇花的任务，他每天摸摸叶片，发现缺水时，便用自己的小杯子"喂"它喝水。终于有一天，正在做家务的妈妈听到小俊俊喊："妈妈，我的小花开啦！"

> 妈妈，我的小花开啦！

> 妈妈，小鸽子受伤了，我们养起来好吗？

## ● 我要养鸽子

鑫鑫在楼下和小朋友玩儿，很长时间不回来。妈妈推开窗户叫他回来吃饭，又过了好一会儿，才响起了他的敲门声。妈妈打开门，看到鑫鑫的脸上和身上脏兮兮的，怀里竟然还抱着一只鸽子。鑫鑫小心翼翼地对妈妈说，"妈妈，这只小鸽子受伤了，躺在楼道里真可怜，我们把它养起来好不好？"

### ▶ 关注动植物敏感期的明显表现

上面的三个孩子都是处于关注动植物敏感期的孩子，在这一时期，他们对动植物有一种本能的关心。下面让我们来具体探讨一下孩子处于关注动植物敏感期时的具体表现。

**喜欢喂养、照顾、观察动植物**

3岁之前的孩子始终处于以自我发展为中心的状态之中，他们关注的重点是自己，对于自己之外的其他人或事并不关心。3岁之后，孩子与外界的接触越来越多，他们眼中的有趣的事物也越来越多，孩子的探索欲望更加强烈地表现出来，周遭的一切都让他们觉得新奇。但随着时间的流逝，孩子生活中可见的物品已经大多被他们仔仔细细地研究过无数遍，因此他们渴望看到更多的新鲜事物。

孩子的生活范围毕竟是有限的，他们在不断探索新事物的同时，有了一个重大的发现，那就是：动物和植物处于固定的环境中，却处在不断地变化之中，因为动物和植物像他一样是有生命的！这个发现无疑与他的无数次发现一样重大，而这个发现也进一步激发了他的探索欲。于是，孩子开始热衷于养动植物，每当在街上遇到卖小鸡、小兔、小鱼或者卖花草的商贩时，都会吵着要买那些小东西。对于自己家的小动物或者小植物，孩子更是百般呵护，嘘寒问暖，仔细观察。即使是网络上虚拟的动物，孩子也会认为它是有生命的，并且愿意用自己的真心去关心它、爱护它。上述故事中的小然然和小俊俊，他们在养动植物的过程中所呈现出来的心态，就是进入关注动植物敏感期后的明显表现之一。

孩子在养动植物的过程中，不仅能够观察动植物的生长过程，还能探索动植物的生长规律，更能付出自己的爱心，体会关爱幼小的快乐。

**怜悯受到伤害的动植物**

孩子在见到受伤的小动物时会产生同情心，在见到植物受到伤害时也会有帮助植物复原的欲望，"怜悯"同样是孩子在关注动植物敏感期的具体表现之一。当动植物受到伤害时，孩子会不自觉地生出同情心，从而做出保护的举动。比如上文中的小鑫鑫，他在楼道里发现了一只受伤的鸽子，便自作主张地将它带回了家，并央求妈妈收留这只小鸽子。

## 不能接受与心爱的动植物分离

孩子在与自己心爱的动植物相处的过程中建立了深厚的友情，孩子把这些动植物看做自己家庭的一分子。当这些小动植物因为各种原因死亡或被带走时，孩子会用尽一切方法想要挽回这个结果，比如哭闹等，如果幼儿时曾经有与心爱的动植物分离或者有心爱的动植物死亡的经历，孩子可能一生有心理阴影，最明显的表现就是一生都不再养动植物。

## 喜欢向别人炫耀自己的动植物

孩子认为自己把小动植物照顾得很好、很可爱，也因此而产生了巨大的成就感。这种成就感促使他产生了新的欲望，那就是炫耀。如果孩子总是喜欢抱着自己的小兔子出门，或者喜欢邀一群小朋友来家里看他的小猫小狗，便可以判断他是在通过向小伙伴们炫耀的方式来体会自己的成就感了。

## 虐待动植物

"虐待动植物"，看到这几个字，也许有些孩子的父母会感到纳闷，刚刚还在说处于关注动植物敏感期的孩子爱护动植物，怎么还会虐待动植物呢？但有些父母会深有体会，因为自己的孩子确实喜欢在这段时间虐待小动物或者小植物。有些孩子在最初的时候是怀着极大的爱心养的小动植物，但新鲜劲儿很快过去了，他的"爱"忽然变成了"虐待"。

## 如何应对关注动植物的敏感期

正确应对孩子关注动植物的敏感期，有助于孩子开阔眼界，提高观察与探索能力，并培养博爱之心。下面我们来共同探讨一下如何正确应对孩子关注动植物的敏感期。

## 让孩子自由接触动植物

当孩子想要养动植物时，或者想要到大自然中观察动植物时，在保证安全的情况下，父母最好不要予以拒绝，要让孩子自由地度过他的关注动植物敏感期。

正如我们所知道的那样，孩子在成长的过程中，始终处于被成年人保护的状态之中，当他的心智水平成长到一定的阶段，就会产生付出情感的愿望。但这种付出却不会仅仅局限于对父母的付出。由于在被保护期内，孩子体会到了父母力量的强大与自己力量的弱小，所以当他们遇到动植物时更容易产生付出情感的欲望，因为动植物明显比他们要弱小得多，这便使他的强大被凸显出来。善待动植物可以让他们体会到保护弱小的成就感，培养他的爱心。此外，孩子在关注动植物的过程中会学会很多东西，比如不同的动物或者植物有什么不同的特点，哪些动物吃肉，哪些动物吃草，哪些植物必须每天浇水，哪些植物不能每天浇水，哪些动物的小宝宝和它的妈妈长得一点也不像，哪些花儿只要见到阳光就会开放……善待动植物还让他通过自己的观察，学到了知识，体会到了探索大自然的乐趣。

有些父母担心如果任由孩子去和小动物玩儿，会养成爱玩儿的坏毛病，对以后的学习不利，但问题不在于此。孩子日后的学习是否认真，受很多因素的影响，而孩子的有些敏感期来得快去得也快，新的敏感期很快会将旧的取代，孩子的兴趣会不断地进行转移，在这个过程中，他才会逐渐成长为一个有见识、有思想的孩子。

## 对孩子虐待动植物的行为进行深刻反思

孩子在关注动植物的敏感期内虐待动植物，这确实是一件发人深省的事情。如果自己的孩子存在这种行为，孩子的父母首先要进行深刻的检讨。因为所有有虐待动植物行为的孩子，无一例外地承受过巨大的压力或者经常遭遇挫折。简单地说，就是孩子存在未被化解的心理问题。

孩子在什么情况下会对比自己更弱小的动植物做出仇恨的举动？什么遭遇能使孩子在处于情感敏感期的"付出"阶段的同时，在关注

动植物敏感期内对动植物做出攻击性举动？答案很简单：自卑感及不安全感。自卑感及不安全感的成因更简单——缺少爱或不能感受到足够的爱。

孩子缺少父母陪伴与沟通，缺少与人交流的机会，遇到挫折时得不到相应的理解，经常被无端斥责、打骂，类似这样的，许多问题都会造成孩子的安全感与自信心缺失，让他们认为自己根本不拥有"爱"，自然也不存在"付出爱"的欲望。恰恰相反，长久的压抑无处释放，当孩子终于发现了动植物的能力比自己更加弱小时，他们便找到了释放压抑的出口，把满腹的郁闷都一股脑地"报复"在了动植物身上。虐待行为便是这样产生的。如果这种心理得不到及时的化解，孩子成年后很容易形成偏激的人格，其性格中会包含过度敏感、多疑、冷漠、仇视等让人担忧的特征。

每一对父母都希望自己的孩子是一个阳光健康的孩子，拥有健康的身体及健康的心理，懂得爱父母家人，懂得对他人及整个社会付出爱心。担心其坏性格会在暗地里滋长的想法令这种愿望的实现难上加难。在对上述原因进行反思后，相信孩子的父母能够找到自己在家庭教育过程中的弱点，并及时加以弥补。

**早教 Early Learning**

对于有虐待动植物倾向的孩子，父母还可以引导他去养一只身有残疾的小动物或者一棵被损坏的花草，以利于激起他们的爱心与同情心，逐渐打消虐待动植物的念头。

# 教会孩子
# 爱自己

**message 05**

自我意识的发展使孩子开始重视自我，但3～5岁的孩子还要经历一个了解自我的过程。对自己的性别、出生、身份及自我价值进行了解，能够让孩子更加懂得自己存在的重要意义。

孩子突然对人的私处产生兴趣，继而追着父母问自己是从哪来的，大多数父母在这个阶段都会感觉到十分尴尬。这个风波刚刚过去，孩子又开始痴迷于崇拜偶像，今天他是孙悟空，明天又变成了奥特曼。当孩子一天天长大，新的兴趣又来了，他们热衷于帮助父母做家务，可是又笨手笨脚地总是添乱……

## 敏感期趣事Example

### ● 你的小鸡鸡呢？

小姨带着比伟伟小1个月的女儿来伟伟家玩儿，中途妹妹想去厕所，伟伟跟着妹妹一起进去了，还蹲下身子看妹妹撒尿的地方。结果他有了重大发现，惊异地对妹妹说："你的小鸡鸡呢？"妹妹也很惊讶："小鸡鸡是什么？"伟伟把裤子往下一拉，说："你看，这不是小鸡鸡吗？"妹妹更惊讶了："我没有呀！"两个孩子光着屁股大叫着从厕所里冲出去，冲到妈妈们面前，一个喊着："妈妈，哥哥有个小鸡鸡。"一个喊着："妈妈，妹妹的小鸡鸡丢了！"两位妈妈目瞪口呆。

### ● 奥特曼的裤子

棒棒迷恋奥特曼，每天都说自己是奥特曼，还总是做出奥特曼的

经典动作与假想中的"怪兽"搏斗。这一天，爸爸给棒棒买回一条新裤子，要棒棒穿上试试，棒棒拒绝了，他说："奥特曼不穿这么松的裤子，和怪兽打架掉了裤子怎么办！"

## 会做饭的小米米

米米煞有介事地"帮"妈妈做饭。他先是在妈妈从米袋里取米的时候帮助妈妈"抓"了几把，然后又在妈妈淘米的时候帮妈妈"搓"了几下，最后他兴高采烈地和妈妈一起把米加足水放进锅里。吃饭的时候，妈妈特意对爸爸强调说："今天的米饭是米米和我一起做的。"爸爸听了忙大声称赞米米，米米快乐极了，吃饭的时候又乖又积极。

## 如何让孩子了解自己

对私处感兴趣的伟伟、崇拜奥特曼的棒棒和帮助妈妈做饭的小米米，以及前面章节我们提到的询问自己出生的孩子，都是正在进行自我了解的孩子。孩子了解自我的过程要经历性别敏感期、出生敏感期、身份确认敏感期和参加社会活动敏感期等若干个敏感期。下面我们来分别探讨一下孩子如何在这些敏感期中了解自我。

### 性别敏感期的表现

第一，孩子对私处产生兴趣是进入性别敏感期的表现，他们只是想要知道自己的私处为什么是这个样子，也想知道别人的私处是什么样子，为什么男孩有小鸡鸡女孩没有小鸡鸡，为什么妈妈的乳房比爸爸的大。父母的态度越不明确，他们就越好奇。如果父母在孩子每次询问的时候都用科学的态度，使用孩子能听懂的语言方式对他们进行解答，他们反倒不会觉得有什么特别之处了。

第二，开始出现害羞心理，也是性别敏感期的表现之一。比如在异性的孩子面前不好意思撒尿、洗澡等。

第三，对异性小朋友特别热情，同样是性别敏感期的表现。当孩

① 处于社会活动敏感期的米米。
② 处于身份确认敏感期的棒棒。
③ 两个孩子正处于性别敏感期。

子知道男女之间存在的差别之后，特别希望能够引起异性小朋友的关注，这是成长中必然会经历的一个时期。

### 出生敏感期的表现

几乎与性别敏感期同步而来的是孩子的出生敏感期。在出生敏感期，孩子热衷于询问自己的"来历"以及所有人的"来历"与自己是否相同。相信我们今天的许多父母当年还是小孩子时都曾为类似于"你是从垃圾堆里捡来的"这样的答案而伤心过，因为有了这些答案的存在，当自己被父母斥责的时候，我们常常会联想到失去关爱的原因并不在于自己的错误，而在于自己是捡来的孩子。这种心理创伤一直到长大后懂得了真实情况才得到弥补，但幼时为此而伤的心却怎么也忘不了。所以，如今的父母们开始注意科学的教育方法，也希望直接告诉孩子真相，但怎么说呢？这又成了一个难题。

"那我是怎么到你肚子里去的？我是怎么从你的肚子里钻出来的？"

"我是从妈妈肚子里爬出来的，和我爸爸有什么关系？"

……

这些尴尬的问答相信大多数父母都曾经遇到过，孩子的求知若渴让父母们无所适从，但答案却决定着孩子的安全感和幸福感。

## 身份确认敏感期的表现

3～5岁的孩子常常会迷恋一些偶像，这些偶像也许来自电视剧，也许来自动画片，但这与孩子是否看电视过多没有关系，因为这是进入身份确认敏感期的表现。

孩子对偶像进行模仿，并认为自己就是偶像，像前文中的棒棒一样，认为自己是奥特曼。还有的孩子会认为自己是孙悟空、超人、白雪公主、喜羊羊等人物。他们不但用自己偶像的名字称呼自己，甚至还要求其他人也用偶像的名字称呼自己，就连日常生活中都要像对待那位偶像一样对待自己，这也是让人非常头疼的事。

## 参与社会活动敏感期

孩子不仅想知道"我从哪里来"、"我是谁"，还想知道"我有多重要"。因此在这段时期，他会热衷于参加各种活动，比如帮妈妈做家务、热心参与社会捐款等。这是孩子处于社会活动敏感期的表现。前面我们所提到的那位帮妈妈做饭的小米米就是处于社会活动敏感期的孩子。想要知道"我有多重要"的孩子最明显的表现就是积极参与活动，他们在参与活动的过程中，通过不断的成功来体会自己的"必不可少"。这时，他们的自信心极其脆弱，很容易受到失败的挫伤，但同时也更容易因为小小的鼓励而重新鼓起勇气。

参与社会活动不仅可以让孩子证明自己的能力，懂得自己的重要性，还能够锻炼孩子的探索能力、意志力，促进智力发展的水平。

## 父母应该怎样帮助孩子了解自己

帮助孩子了解自己的最好方法就是帮助孩子顺利度过上述敏感期。下面我们分别探讨一下帮助孩子度过上述敏感期的方法。

### 如何应对性别敏感期

首先，不要向孩子灌输罪恶感。当孩子像事例中的伟伟那样对人的私处产生兴趣，这让父母非常尴尬。很多孩子因此被"威胁"说："以后不许再说这些，你知道这有多丢人吗！"孩子对性的罪恶感便由此产生了，甚至会认为私处是很"脏"的部位，这对孩子的成长极为不利。有的父母在孩子很小的时候就告诉他身体是自己的隐私，不能被别人看见。结果当孩子的身体被别人看到时，他会认为别人伤害了他，如果他不小心看到了别人的身体，也会觉得自己是个坏孩子。这对孩子的心理成长也是有负面影响的。

第二，让孩子知道男女之间的不同。当孩子提出有关于私处的疑问时，应该坦诚地用孩子能够听懂的语言方式告诉孩子男女两性之间的不同。如果孩子出现观察的兴趣，不妨由父母中性别与孩子不同的一方带他洗一次或几次澡，孩子很快就会发现，原来这件事并没有什么神秘的。

第三，不对孩子在异性面前的表现过度关注。当孩子不愿在异性面前裸露身体时，或者对异性表现特别热情时，父母不应对孩子做出嘲笑、戏弄等过度关注的行为，应以平常心对待，避免孩子产生罪恶感。

### 如何应对出生敏感期

应对出生敏感期需要的方法既简单又巧妙，那就是用孩子所能接受的语言方式向孩子说明真相。比如告诉孩子他的出生是因为妈妈肚

子里的一颗小卵子太孤单了，总是吵着要个伙伴，于是爸爸便送了妈妈一颗小精子，让它到妈妈肚子里和小卵子做伴。两个小伙伴在妈妈的子宫里安了家，形影不离，由于它们总也不分开，最后竟然长在一起了，变成了一个可爱的小精灵。为了让小精灵健康地成长，妈妈每天都用一根管子给它喂食物，于是小精灵在妈妈的子宫里越长越大。10个月以后，小精灵已经变成了一个白白胖胖的小宝宝，可它还在不停地长，妈妈的子宫里已经没有多余的地方让他长大了，所以他就从妈妈的肚子里跳了出来，和爸爸妈妈生活在一起了。最后还要对孩子强调，这个变成小宝宝的小精灵就是他，他是由爸爸的小精子和妈妈的小卵子长在一起变成的，这样可以避免被解答一些尴尬的诸如"我是从妈妈肚子里出来的，和爸爸有什么关系"这样让人觉得不容易启齿的细节。

### 如何应对身份确认敏感期

孩子之所以会出现身份确认敏感期，是为了更加独立地适应环境所产生的心理需求。3岁之前，孩子会因父母偶尔不在身边而焦虑。3岁之后，孩子每天与父母分开的时间越来越久，活动能力的增强也使他需要更多的时间脱离父母进行活动，但他的安全感如何保证？孩子的安全感不会因活动能力的增强而增强，他的安全需求与3岁之前同样迫切。出于这个目的，孩子的心理上开始强烈需要建立一个强大的个人形象，这时，他们开始关注一个重要的问题："我是谁？"

孩子不知道自己究竟是谁，是一个什么样的人，有着什么样的本领，是否能够对自己进行保护。于是他们便开始借助自己所知道的一些优秀形象来做自己的"形象代言"，偶像崇拜便由此产生了。

崇拜偶像并非一件不好的事情。在细心的观察下，我们会发现孩子选择偶像的一个特点，无论是选择力大无比的，还是选择聪明机智的，抑或是选择美丽聪慧的偶像，孩子的偶像情结总离不开"惩恶扬善、崇尚真善美"这样的特点。比如有的孩子崇拜奥特曼，有的孩子崇拜聪明的蓝精灵，有的孩子崇拜美丽的白雪公主，但很少有孩子会崇拜怪兽、格格巫、阿兹猫和坏王后。

孩子在对这些具有正面形象的偶像进行积极而主动的崇拜与模仿的过程中，实际也是在形成自己的性格，强大、正义、完美，是大多数孩子完善个人形象的标准。因此在这段期间，父母不应对孩子的模仿行为进行干涉，而应该多利用孩子的偶像引导他养成一些良好的行为习惯。

### 如何应对社会活动敏感期

第一，多让孩子参与各种活动。当孩子要求参加家务活动或者一些社会活动时，家长应该在力所能及的范围内支持孩子的积极性，让孩子得到更多证明自己的机会。比如在孩子要求参与家务时，父母不要嫌孩子"笨手笨脚"，要让他有自由参与的机会。当孩子要求参与社会捐款时，也要支持孩子的想法，并让孩子亲自将钱放入捐款箱。无论是参与家务劳动还是社会捐款，重要的都不在于成绩的大小或者钱的多少，而是在于孩子在参与的过程中，体会到了自己为父母分担家务的能力、帮助他人的能力等。这是孩子对于自身重要性的一种确认。

第二，对孩子的活动成果给予充分的肯定。当孩子参与活动取得了成绩时，哪怕是包好了一个长相并不完美的饺子，或者是参与某种社会比赛只得了鼓励奖，也要对孩子的成绩进行高度的表扬。这样可以使孩子感受到巨大的成就感，从而保持参与的欲望，在证明自己的同时，不断进行探索，开发自己的心智水平。

**早教 Early Learning**

孩子对于出生的关注，更注重自己与父母之间的亲密关系，只要有了关于此类的强调，孩子就会很满足。

# 3岁之前的孩子
## 不要入托

　　按照我国的有关规定，幼儿园小班孩子的入园年龄应满3周岁。英国专家也告诫父母们说："早教要有个尺度，一味强调对孩子的教育而忽视了孩子的天性反而会对孩子造成伤害。"澳大利亚儿童教育专家、著名的临床医学家史蒂夫比杜尔夫甚至向那些想要尽早把孩子送进幼儿园的父母发出了警告，他说："把年龄不足3岁的孩子交给托儿所或幼儿园会增加损害他们正常心理发育的危险。"那么，3岁以下的孩子不能入托有什么具体依据呢？

　　牛津大学的两位教授曾经对1200名孩子进行过跟踪研究，他们发现从小脱离父母被送入托儿所的孩子，在长大后更富有攻击性，容易发生暴力行为和反社会行为。这与我们所提到的虐待动植物的原因有些相类似。虐待动植物的孩子之所以出现攻击行为，就是长期缺少父母陪伴造成了心理挫伤。

　　3岁以下的孩子仍处于渴望爱的敏感期，他需要来自父母的直接关爱，而不是由其他人代替父母。再称职的托儿所保育员也不如孩子自己的妈妈，因为孩子和妈妈之间是心灵相通的。过早被送入托儿所的孩子，虽然能够受到保育人员的精心照料，但每一位保育员不可能只照顾一个孩子，所以很难像妈妈一样随时和孩子进行交流与沟通，更不能及时地对感觉到恐惧的孩子给予安慰和陪伴。这让孩子觉得很孤独，也很恐慌，这种恐慌会形成一股强大的压力存在孩子的记忆里，只要能找到一个缺口，它就会喷涌而出，孩子的暴力行为与暴力性格就是这样渐渐产生的。儿童专家指出，太早入托会对孩子的大脑发育、情感发展、社会行为、认知能力的培养造成阻碍，也易使孩子发育迟缓、神经萎缩，甚至发生脑发育异常。可见父母的陪伴所带来的一对一甚至二对一的关爱，对于渴望亲情关爱的孩子来说有多么重要。因此，家有幼儿的父母们，切记不要将3岁以下的宝宝送到托儿所。

# 敏感期与性格

作为成年人，我们很少对孩子的未来进行过于具体的规划。我的孩子以后一定要做大明星，一定要做画家，一定要成为诗人，一定要成为科学家……这种愿望我们很少有过。更多的父母都会许下这样一个愿望：愿我的孩子健康快乐地长大，一生平安喜乐。可见，快乐是我们对孩子的一生进行的最美好的祝愿。但快乐来自哪里？一个人该如何一生都能够感觉到快乐？这是一个值得我们思索的问题。

大多数的成年人都会觉得快乐是一件很奢侈的事情。很多人在为生存的奔波中、在苦苦的求索中把快乐丢了。而有些人每天埋头于柴米油盐，住在破旧的小屋子里，仍能开开心心地过日子？归根结底，取决于人是否具有开朗乐观的性格。每个人的追求不同，际遇也会不同，对于成功的理解也不会相同。但是，无论人有着什么样的追求，乐观的性格就像泉眼，它能让快乐源源不断地涌出来，渗透我们的人生。

好的性格要从小培养，而为孩子培养好的性格，就不能忽视孩子的敏感期教育。帮助并引导孩子顺利度过敏感期，并非只关系到某一项或某几项能力的发展，它更关系到孩子的性格发展，关系到孩子一生的生活态度。

很多父母发现自己的孩子与别人的孩子在性格上有很大的不同，比如有些孩子性格急躁，不能专心做事；有些孩子十分沉稳，遇事不慌不忙；有些孩子脾气不好，爱发火；有些孩子开朗乐观，从来也不爱生气。这是什么原因呢？孩子在敏感期内对父母的态度最为重视，他们也许不需要父母的启发，也许不需要父母的帮助，甚至可以不需要父母的鼓励，但他们却无一例外地需要父母的爱与支持，这是他们坚持探索的动力。

孩子经历敏感期的过程，不仅是在对某一项能力进行开发，也是在对自己的性格进行磨炼。当孩子自由进入敏感期，并在较为自由的空间开发自身能力时，他一定是专注而积极的，如果在此期间得到了父母的正确对待，他的专注与积极就会始终保持下去。这个敏感期过去了，下一个敏感期内的他们仍旧会有专注与积极的态度。但是，如果孩子在敏感期内受到了父母太多干涉或者否定，他们就会对自身能力的开发失去信心，并半途而废。这会严重影响孩子健康性格的养成。

用心的父母应该回顾一下孩子已经度过的敏感期，你是否曾经在他专注做某件事时经常制止他？或者经常打扰他？当孩子兴致勃勃地帮你擦地板时，你有没有一会儿让他喝橘汁，一会儿让他洗洗小手？当孩子聚精会神地在墙壁上"作画"时，你有没有突然大声嚷嚷，对孩子又扔画笔又打屁股？当孩子在你伏案忙碌时忽然在你身上拍来敲去时，你有没有不耐烦地一挥手把他赶走？当然，类似的例子我们还能举出很多，如果你经常这样做，你的孩子肯定很难有乐观、沉稳的性格。如果孩子在敏感期内经常被否定、斥责甚至打骂，那么他性格中肯定会有很强的阴暗面，压抑在心底的郁闷会时常以比较偏激的方式表达出来，这对于他的人格发育也会产生负面的影响。

要使孩子在敏感期养成良好的性格，父母首先要有良好的性格。当孩子因敏感期的到来而出现各种令人头疼的表现时，父母始终不气不恼，并积极地为孩子营造一个良好的敏感期环境，在孩子需要帮助时给予适时的引导，让孩子的每个敏感期都能顺利地度过。这种做法能使孩子的各项能力良性发育的同时，培养其拥有健康积极的性格。

成年人是孩子走向人生的启蒙老师，面对这样神圣而伟大的身份，作为成年人的我们，应该时刻本着"要教孩子先懂孩子"的原则，充分利用好孩子的每个敏感期，开发他们的潜能，培养他们认识自我、认识世界、融入世界的能力，同时也培养他的积极乐观的性格，为他们日后树立正确的人生观与价值观打下良好的基础，使我们的敏感期教育起到事半功倍的效果。希望每个孩子都能够拥有快乐而有意义的童年，希望每一位成年人都能在陪伴孩子成长的过程中体会到成长的快乐！

## 教育专家淘猫妈
## 15年家教心得

### 内容简介

　　本书从家庭教育指导专家"淘猫妈"的博客上精心挑选出部分文章，集合了当前家长最关心和最常遇到的家教问题。尤其针对孩子的学习、性格、能力培养、好习惯等方面，淘猫妈从教育学、心理学等方面进行具体分析，语言幽默风趣，观点独到，分析精辟，方法独辟蹊径，不仅教会家长解决问题的办法，还为家长作出恰当的心理指导。此外，淘猫妈还针对不同家庭成员的角色提出了差异化的家教策略。

《你就是最好的家长》

## 一部揭秘孩子身心成长的密码
## 一条通往孩子内心世界的捷径

### 内容简介

　　教育专家张静从宝宝发育的规律出发，以宝宝的触觉、嗅觉、味觉、听觉、视觉、运动、语言、情绪等8个方面入手，通过宝宝每个成长阶段的不同表现，来揭秘宝宝的脑发育及其影响。本书行文流畅，语言幽默且通俗易懂，能让父母在轻松"悦读"的同时，学习到相关育儿的知识，引导孩子的健康成长。

《宝贝，你的世界我知道》

## 父母给孩子最好的东西，不是衣食无忧
## 而是影响其一生的好性格，好性格成就孩子绚烂人生

### 内容简介

　　本书以孩子的成长为主线，通过真、善、美的教育理念，专业而翔实地分析了孩子性格养成的影响因素与培养重点，并介绍了各种健康性格因素的养成方法，以及不同健康性格因素对未来不同发展方向的影响。本书观点新颖，书写灵动且极富感染力，并综合了大部分成功父母的家教经验，理论与实操并重，是一本家庭教育类图书难得的佳作。

《好性格影响孩子的一生》